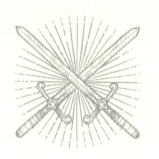

ORAÇÕES UMBANDISTAS

a reza é a espada da alma

Paulo Ludogero

ARUANDA

RIO DE JANEIRO | 2020

Texto © Paulo Ludogero, 2019
Direitos de publicação © Editora Aruanda, 2020

Direitos reservados e protegidos pela lei 9.610/1998.

Todos os direitos desta edição reservados à
Aruanda Livros
um selo da EDITORA ARUANDA EIRELI.

5ª reimpressão, 2024

Coordenação Editorial Aline Martins
Preparação Andréa Vidal
Revisão Letícia Côrtes
         Editora Aruanda
Design editorial Sem Serifa
Ilustração da capa Extezy/iStock
Ilustrações de miolo André Cézari
Transcrições Jefferson Almeida
Impressão Trio Studio

Texto de acordo com as normas do Novo
Acordo Ortográfico da Língua Portuguesa
(Decreto Legislativo nº 54, de 1995)

Dados Internacionais de Catalogação na Publicação (CIP)
de acordo com ISBD
Bibliotecário Vagner Rodolfo da Silva CRB-8/9410

L9460   Ludogero, Paulo
         Orações umbandistas: a reza é a
         espada da alma / Paulo Ludogero. – Rio
         de Janeiro, RJ: Aruanda Livros, 2020.
         224 p.; 11,8cm x 16,8cm.

         ISBN 978-65-80645-05-3

         1. Religiões africanas. 2. Umbanda.
         3. Orações. I. Título.
                                      CDD 299.6
2020-1246   CDU 299.6

Índice para catálogo sistemático:

  1. Religiões africanas 299.6
  2. Religiões africanas 299.6

[2024]
IMPRESSO NO BRASIL
https://editoraaruanda.com.br
contato@editoraaruanda.com.br

À minha mãe, Maria Imaculada dos Santos,
Comandante Chefe de Terreiro (cct) *da* Tenda
Espírita de Umbanda Santa Rita de Cássia, *que*
sempre me incentivou a rezar. Em seu nome, a partir
de hoje, espero que muitas pessoas tenham a reza
como a espada da alma. Mainha, eu te amo!

🌿 *Agradecimentos* 🌿

Eu seria injusto se não fizesse determinados agradecimentos.

Agradeço a Deus, aos orixás, às entidades que comandam minha coroa e a todas as entidades que me intuíram nas orações aqui dispostas.

Agradeço à minha família carnal, que sempre me incentivou e me ajudou a realizar meus sonhos.

Agradeço a toda a minha família espiritual, desde minha mãe até meus bisnetos na nação.

Agradeço, especialmente, ao meu neto de santo, Jefferson Almeida, do *Templo Sete Montanhas do Brasil*, que se dispôs a transcrever muitas das orações aqui publicadas.

Agradeço à Editora Aruanda por acreditar neste projeto.

Por fim, agradeço a todos os leitores pelo carinho.

Eu precisaria de muito mais páginas para citar todos os nomes merecidos e agradecer a cada um, mas transmitirei minha gratidão por meio de uma oração:

Divino pai Olorum,
sagrados pais e mães orixás,
que suas emanações alcancem, sem distinção,
a todos os envolvidos neste livro.
Que suas emanações toquem o íntimo de cada um,
fortalecendo sua fé, e que esta nunca lhes falte.
Que suas emanações alcancem as entidades
que me intuíram estas orações.
Que elas sejam abençoadas
e que tenham suas luzes amplificadas.
Abençoado seja este livro.
Abençoado seja quem dele usufruir.
Amém!

🌿 *Apresentação* 🌿

Este livro é a realização de um sonho!

Quando criança, eu sempre via minha avó e meu avô rezando com um terço na mão. Minha mãe herdou essa prática e sempre a vejo rezando, seja no terreiro, seja em casa. Ela sempre está em frente ao altar, de joelhos ou de pé, fazendo uma oração e me dizendo: "Filho, a reza é a espada da alma!".

Pensando nessa frase, me dediquei a escrever orações umbandistas. Quando acendia uma vela ou me concentrava, as palavras e frases vinham. Muitas pessoas começaram a me pedir orações para fazer em casa, mas eu não tinha nada escrito. Foi quando Jefferson, meu neto de santo, se propôs a transcrevê-las. Eu só precisava me concentrar e gravar. Foi assim que surgiu este livro.

Espero que todos rezem cada uma destas orações com amor e dedicação.

Paulo Ludogero
Dirigente da Casa de Pai Flecha Certeira e Mãe Jaciara

🌿 *Prefácio* 🌿

A Umbanda é uma religião muito nova, mas que evoluiu rapidamente desde seu surgimento. Graças a vários médiuns e escritores, possui hoje uma identidade marcada por cantos, sacramentos, imagens e — por que não — orações.

Eis aqui um "pedacinho" de nossa religião em forma de livro.

As orações aqui dispostas podem ser utilizadas em diversas situações, para atender a várias necessidades, ou até mesmo quando precisamos pedir, mas sentimos que nos faltam as palavras.

Desejamos que esta obra seja um livro de cabeceira para todos os que, como nós, creem que a reza é a espada da alma.

Maria Imaculada dos Santos
CCT *da Tenda Espírita de Umbanda*
Santa Rita de Cássia

🌿 Introdução 🌿

"A Umbanda é coisa séria para gente séria."

Essa frase do senhor Caboclo Mirim já se tornou um marco para a história e a tradição daqueles que carregam com orgulho a faixa verde na cintura, em memória ao grande senhor Caboclo Sete Estrelas, fundador da raiz da *Tenda Espírita de Umbanda Santa Rita de Cássia.*

Para nós, viver a Umbanda é transpor as inúmeras barreiras que encontramos em nossa jornada diária. Viver a Umbanda é viver o Sagrado sem o profanar. Viver a Umbanda é admitir que somente com muito trabalho, dedicação, respeito e disciplina conseguiremos evoluir.

Muitas vezes, nós nos perguntamos qual é a melhor forma de nos comunicarmos com o Sagrado. Tentamos encontrar nos livros a resposta a tal indagação, mas não dispomos de uma vasta bibliografia que trate, especificamente, de rezas.

Assim, visando a preencher essa lacuna, buscamos nos conectar com o Sagrado em busca das palavras que melhor descrevam os sentimentos que nos tomam quando fazemos uma prece, seja para Olorum, seja para nossos amados orixás, seja para nossos guias.

Orar é expressar aquilo que o coração emana e a mente deseja por meio de palavras. Orar ou rezar é conectar-se com o Divino, com o Sagrado para receber as bênçãos de Deus, dos anjos, dos orixás e das linhas de Umbanda.

Para orar, é preciso estar com a mente limpa e direcionada a essa situação. Além disso, é fundamental ter fé e determinar o objetivo da oração antes de começar.

A melhor postura física é aquela em que você se sente mais confortável e que não vai lhe causar incômodo durante a prática.

Em suas orações, você pode pedir tudo o que quiser, desde que seja de natureza positiva, não importando para qual orixá ou entidade de trabalho fará os pedidos. Orar para pedir ou desejar saúde, por exemplo, significa evocar o sagrado de nosso amado orixá Obaluaê em nós mesmos e nos permitir conectar com essa força, unindo coração, fé e mente — é só disso que precisamos no ato da oração. Devemos buscar, por meio da oração, a resposta para aquilo que nos aflige.

Idealmente, a oração deve ser diária, ou pelo menos frequente. Deve-se orar ao levantar-se; ao sair e voltar para casa; antes de dormir; ou em outros horários que você determinar.

Orar traz acalanto e paz interior. Quanto mais você ora, mais se conecta com o Divino, mais fica em paz consigo mesmo. Ore com amor e responsabilidade, seja respeitoso e, principalmente, seja sério. E não se esqueça de agradecer, pois todo agradecimento é, em si, uma oração.

Nas orações disponíveis nas páginas seguintes, citamos elementos como velas, água, cristais etc. Fica a seu critério utilizá-los ou não; o mais importante, aqui, é orar.

BOAS ORAÇÕES!

Olorum

Olorum[1] é o senhor do Céu e da Terra, o grande Criador do Universo. Na Umbanda, ele também é conhecido como Deus, Zambi, Tupã ou outras denominações dadas pelos guias espirituais.

Muitas pessoas se apegam aos orixás e às linhas de trabalho e se esquecem de cultuar a Deus. Na Umbanda, Olorum deve ser lembrado sempre, seja em cantos, palestras ou orações.

---

[1] Segundo o *Dicionário Yorubá-Português*, de José Beniste (Bertrand Brasil, 2019), "oló" é um prefixo utilizado para indicar "posse, domínio sobre alguma coisa", e "òrun" significa "céu, firmamento". Entretanto, os iorubás já utilizavam o termo "Ọlọ́run" para se referir a "Deus, o Ser Supremo". [Nota da Editora, daqui em diante NE]

🌿 *Oração ao pai Olorum* 🌿

Divino pai Olorum,
agradeço humildemente pelo dia que terei hoje.
Que eu tenha forças para ajudar quem precisar.
Caso eu tenha adversidades a enfrentar,
que sua luz divina esteja sempre comigo.
Amado pai, dê-me suas bênçãos hoje e sempre.
Amém!

🌿 *Oração para a família* 🌿

Divino pai Olorum,
neste momento sagrado,
eu clamo por suas bênçãos.
Que suas emanações divinas abençoem
meu lar e toda a minha família.
Que suas emanações
possam irradiar sobre todos nós,
recolhendo todas as energias contrárias
que possam estar nos afetando.
Divino pai, dê-me sua bênção,
pois, abençoado pelo senhor,
melhores condições
de superar as adversidades terei.
Amado pai, nunca permita
que o mal se instale em minha casa.
Nunca permita que o mal habite meu lar.
Amém!

Anjo da guarda

Ao fazer uma oração para seu anjo da guarda, você pode usar elementos como velas, copos ou quartinhas com água, cristais e incensos, conforme sua crença umbandista. Costumamos dizer que a melhor oração para o anjo da guarda é aquela que une palavras e sentimentos.

Escolha sempre um horário em que possa fazer sua oração com calma. Uma única vela é suficiente para estabelecer conexão com o anjo da guarda. Idealmente, essa conexão deve ser diária, ainda que seja utilizada uma vela de sete dias — a vela de sete dias mantém a vibração durante o período, mas a conexão deve ser refeita todos os dias.

Os médiuns de Umbanda, normalmente, acendem velas para seus anjos da guarda antes dos trabalhos espirituais, e a vela de sete dias já acesa não as substitui. Também pode acontecer de uma entidade mandar que se acenda uma vela para seu anjo da guarda. Em ambos os casos, mesmo que já tenha a de sete dias acesa, é preciso acender outra, pois cada uma possui um objetivo.

Oração diária para o anjo da guarda (I)

Sagrado anjo que me guarda
e que presidiu meu nascimento,
rogo-lhe, neste momento,
que me abençoe neste dia,
livrando-me de todos os pensamentos negativos.
Ilumine meu mental
para que eu sempre realize e promova boas ações.
Sagrado anjo que me guarda,
rogo-lhe que abençoe meu lar.
Nos caminhos por onde eu passar,
que eu encontre a paz,
promova a paz e volte em paz.
Amém!

Oração diária para o anjo da guarda (II)

Sagrado anjo do Senhor,
rogo-lhe que me dê um bom dia.
Afaste de mim toda a falsidade
e os falsos profetas.
Não permita que minhas dúvidas
sejam mais fortes que minhas convicções.
Sagrado anjo do Senhor,
rogo-lhe, neste momento,
que me irradie com as bênçãos celestiais
e que tudo à minha volta seja abençoado.
Amém!

Oração diária para o anjo da guarda (III)

Acenda uma vela branca e eleve-a acima da cabeça. Concentre-se e imagine seu anjo da guarda se aproximando de você. Respire profundamente e faça a seguinte oração:

Sagrado anjo da guarda,
meu amigo, meu companheiro,
peço que me abençoe em nome do Senhor Deus.
Peço que me envolva com sua energia maravilhosa,
envolvendo todos os meus pensamentos negativos,
todos os pensamentos que possam derrubar minha vibração
e que possam me levar a quedas conscienciais.
Peço também, sagrado anjo da guarda
que me assiste e que me guarda,
que olhe por mim todos os dias.
Não deixe cair minha vibração,
tanto racional quanto emocional.
Guarde-me, proteja-me e ajude-me
a tornar-me uma pessoa melhor.
Que assim seja e que assim se faça!

🌿 *Oração para antes dos trabalhos espirituais (I)* 🌿

Sagrado anjo que me guarda,
ilumine meu mental,
afastando todos os pensamentos negativos.
Irradie suas bênçãos
para que eu possa entregar
minha matéria e meus pensamentos
aos orixás e às entidades que me assistem.
Sagrado anjo do Senhor,
que minha entrega seja completa.
Amém!

🌿 Oração para antes dos trabalhos espirituais (II) 🌿

Sagrado anjo de Deus,
rogo que eu fique com todos os meus pensamentos
voltados para o Divino.
Que eu desapegue de minhas particularidades.
Que eu seja um instrumento do Sagrado
para que o Sagrado seja realizado.
Amém!

Orixás

Eleve suas vibrações, mentalize os orixás. Respire profundamente, ilumine seus pensamentos e faça a oração.

❧ *Oração aos orixás* ☙

Pai Oxalá,
perdoe meus pecados
e me dê o perdão necessário
para que eu continue minha evolução.
Que mãe Logunã, com seu giro,
faça um movimento em minha vida.
Que eu possa me movimentar sempre à frente,
esquecendo-me do passado,
mas lembrando sempre que meus erros
podem surtir efeito no meu hoje e no meu amanhã.
Que com o perdão de pai Oxalá,
com a retidão gerada em mim por pai Ogum,
com a decantação de mãe Nanã
e com o direcionamento de mãe Iansã,
eu possa me tornar um ser melhor.
Que, ao me tornar um ser melhor,
mãe Oxum esteja ao meu lado, me agregando,
e pai Oxumarê dilua todas as energias negativas
que eu possa vir a acumular.

Que pai Oxóssi atire sua flecha,
trazendo o conhecimento necessário,
e mãe Obá me traga a firmeza
e a sustentação necessárias
para que eu possa continuar.
Que o divino pai Xangô
me dê o equilíbrio necessário
e mãe Oroiná consuma todo o negativo
para que minha vibração não caia.
Que Obaluaê, meu pai,
me dê a estabilidade necessária
para que eu continue nesse caminho reto.
Que mãe Iemanjá
gere em minha vida sentimentos nobres,
sentimentos virtuosos,
para que eu consiga continuar minha evolução.
Que pai Omolu paralise em mim os sentimentos
que possam me desvirtuar do caminho reto
que foi estabelecido por pai Ogum.
Que Exu, senhor dos caminhos,
me dê a potência necessária,
e, junto de pai Ogum, senhor das demandas,
quebre as demandas à minha volta.
Que pai Exu não me deixe perder a potência
para que eu continue a viver no caminho da fé.

Que a senhora Pombagira
me dê o desejo e o estímulo necessários
para que eu nunca caia de vibração,
para que eu nunca caia nos meus sentimentos,
para que eu consiga seguir em frente.
Que Exu-Mirim orixá, o povo mirim,
o mirim menino, a mirim menina,
descomplique meus caminhos,
porque com eles descomplicados,
eu chegarei mais rápido aos pés de pai Olorum.
Mas complique, complique sim, Exu-Mirim,
todas as vezes que eu for me desvirtuar do caminho,
não me deixando cair de vibração novamente.
E peço-lhe, divino pai Olorum, meu pai, meu Criador,
que abençoe a minha evolução,
para que eu continue seguindo os caminhos da fé.
Amém!

🪶 *Oração para todo fim de ano* 🌿

Que à 00h00 do dia 1º de janeiro de 20[xx], Exu,
Pombagira e Exu-Mirim possam dar suas gargalhadas,
espantando do ano que se inicia as quizilas, as falsidades,
as mentiras e as dificuldades de nossas vidas.

Que à 00h07, pai Oxalá e mãe Logunã
possam nos dar a paz e a tranquilidade para
trilhar mais um ano de vida e nos dar o giro
necessário para que não fiquemos paralisados.

Que à 00h14, pai Ogum e mãe Iansã possam
romper todas as barreiras e abrir os caminhos
a serem trilhados por nós neste ano.

Que à 00h21, pai Oxóssi possa atirar suas
flechas e iluminar nossos caminhos materiais e
espirituais; que mãe Obá possa nos dar a firmeza e a
sustentação necessárias para o ano que se inicia.

Que à 00h28, pai Xangô possa dar seu brado do
alto da pedreira e determinar que será um ano sem
injustiças; que mãe Oroiná consuma todos os nossos
negativismos e não nos deixe cair de vibração.

Que à 00h35, pai Obaluaê e mãe Nanã possam nos dar a sabedoria para trilhar nossa jornada e nos dar perseverança, saúde e esperança em um mundo melhor.

Que à 00h42, mãe Iemanjá possa diluir com seu mar sagrado a impureza de nossa matéria, para, purificados, gerarmos amor à vida, amor ao nosso semelhante, saúde e vida próspera; que pai Omolu não nos permita ter atitudes que paralisem a evolução.

Que à 00h49, mãe Oxum possa agregar toda a humanidade em amor à vida e pelo próximo, que possa agregar em união verdadeira todos os seres da Terra e abençoar toda a humanidade; que pai Oxumarê renove hoje e sempre, com seu colorido, nossa vida e nossas esperanças.

Que à 00h56, os caboclos possam dar seu brado de guerra, fortalecendo nosso espírito e nossa matéria para que possamos cumprir, por mais um ano, nossa missão.

Que à 00h57, os pretos-velhos possam nos dar paciência, quietude e lições de vida para que continuemos sempre humildes e verdadeiros.

Que à 00h58, os erês possam nos dar alegria e não nos deixem entristecer com as mesquinharias da vida.

Que à 00h59, os ciganos nos encantem com sua magia; que os baianos não nos desamparem; que

os boiadeiros nos deem a coragem de caminhar; e
que os marinheiros nos protejam em sua rede.

Que à 01h00 do dia 1º de janeiro de 20[xx], tenhamos
consciência de nossos erros e, com todas as bênçãos
recebidas, tenhamos nossa fé renovada e a força necessária
para elevar ainda mais a nossa amada Umbanda.

🌿 Oração para o início dos trabalhos espirituais 🌿

Ao divino pai Olorum,
pedimos sua bênção e sua permissão
para que seus filhos, nossos pais e mães orixás,
possam se manifestar neste terreiro.
Oxalá, divino pai,
pedimos que nos envie suas irradiações de fé
e que elas se espalhem por este terreiro
e por toda a humanidade.
Oxum, divina mãe,
pedimos que nos envie uma centelha de seu amor divino,
instalando-a nos corações
de todas as pessoas aqui presentes
e de toda humanidade.
Oxóssi, meu pai,
pedimos que nos envie suas irradiações expansoras
para que, em conjunto com
o equilíbrio e a razão enviados por pai Xangô,
possamos ter a sabedoria de orientar
a todos que nos procurem.

Divino pai Ogum,
pedimos que levante sua espada viva e divina,
afastando daqui todos os espíritos
desequilibrados, sofredores, vingativos;
afaste, meu pai, aqueles seres e criaturas
que não estão preparados para estar deste lado da criação.
Amado pai Obaluaê,
pedimos sua permissão
para irradiar a quem necessitar de suas energias curadoras.
Pedimos, pai,
que suas palhas sagradas possam abençoar
todos os que necessitam
aonde o nosso pensamento levar.
Mãe Iemanjá,
pedimos que nos cubra com seu manto sagrado
e, com todos os pais e mães orixás,
possa nos abençoar nesta gira de hoje.
Amém!

Oração para o término dos trabalhos espirituais

Divino pai Olorum,
sagrados pais e mães orixás,
agradecemos a permissão concedida
aos trabalhos de hoje na sagrada Umbanda.
Agradecemos a permissão de manifestar
nossos amados orixás
e os espíritos luzeiros
que aqui se fizeram presentes.
Pedimos humildemente, divino pai Olorum,
que possamos usar tudo aquilo,
que aprendemos aqui,
como evolução para nosso espírito
e em nossa longa jornada
rumo ao encontro com o senhor.
Agradecemos humildemente
a todos os orixás e a todos os guias
que hoje conduziram os trabalhos em nossa casa.
Amém!

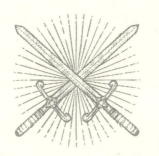

Exu

Exu também é orixá, e, assim como a todos os outros pais e mães conhecidos, a ele se pode pedir a bênção e cultuar.

As pessoas confundem o orixá Exu com a entidade de trabalho exu. Para entender a diferença, é preciso conhecer o mito de criação do Universo e do Caos (ou do Vazio), segundo a visão umbandista. De forma resumida, o orixá Exu foi criado por Deus para conter o caos do Seu exterior, esgotando e controlando todo negativismo, de modo que houvesse paz e harmonia também do lado de fora de Deus.

Para todas as rezas, deve-se firmar, no mínimo, três velas pretas em triângulo e uma branca ao lado, colocando um cigarro, um charuto e um copo de pinga. Se desejar, você pode acrescentar um padê ou farofa de Exu, colocando por cima um bife bovino cru. A oferenda pode ser feita nos campos de atuação de Exu ou fora de casa. Caso a faça em casa, despache todos os elementos em uma encruzilhada ou mata no dia seguinte.

🌿 *Oração ao orixá Exu* 🌿

Exu orixá, estamos aqui, hoje reunidos,
para louvá-lo e oferendá-lo.
Pedimos que, neste momento,
o senhor se manifeste espiritualmente
e traga todos os nossos exus e pombagiras,
dando-nos firmeza e proteção,
desencantando as energias negativas destas quatro paredes
e as que estiverem impregnadas em nossas auras.
Rogamos ao senhor que abra nossos caminhos espirituais
e vá até nossos sagrados orixás
levar nossos pedidos de bênçãos, agradecimentos
e submissões às suas forças sagradas,
pedindo-lhes que nos enviem suas irradiações divinas,
imantando nosso terreiro
e purificando todos os médiuns
para que haja firmeza nos trabalhos.
Orixá Exu, pedimos também que,
com suas forças, o senhor prepare este terreiro
tanto no campo espiritual quanto no material

para que, com a permissão de Oxalá,
os caboclos e as caboclas possam se fazer presentes,
preparando seus cavalos para receber as bênçãos dos orixás.
Orixá Exu, nós agradecemos sua presença
e pedimos humildemente que aceite nossa oferenda.
Laroiê, Exu! Exu é Mojubá!
Laroiê, Exu! Exu é Mojubá!
Laroiê, Exu! Exu é Mojubá!

❧ *Oração de abertura da gira de esquerda* ❧

Laroiê, orixá Exu!
Laroiê, orixá Exu-Mirim!
Estamos aqui, hoje reunidos,
para louvá-los, reverenciá-los
e pedir sua licença
para abrir uma gira,
saudando nossa esquerda.
Orixá Exu e orixá Exu-Mirim,
aos senhores, que nunca viveram na carne
e não conhecem os sentimentos humanos negativos
que nos lançam aos abismos da consciência,
rogamos, neste momento,
que de seus campos de força
os senhores abram os caminhos espirituais
para que o exu-guardião de cada médium
sustente o trabalho de nossos exus e exus-mirins,
sejam da calunga, da encruza ou dos caminhos.
Amada orixá Pombagira,
pedimos à senhora que permita

que a pombagira-guardiã de cada médium aqui presente
sustente os trabalhos de nossas pombagiras,
sejam da calunga, da encruza ou dos caminhos.
Orixá Exu, orixá Pombagira e orixá Exu-Mirim,
rogamos, neste momento,
que, de seus pontos de força,
abram os caminhos da calunga, da encruza e dos caminhos,
e não permitam que, ao término dos trabalhos,
permaneça neste campo aberto
qualquer espírito despreparado para ficar deste lado da vida.
Salve, nossos exus!
Salve, nossas pombagiras!
Salve, nossos exus-mirins!

🌿 *Salve, Exu* 🌿

Salve, orixá Exu! Salve, rei do embaixo!
Salve, rei do meio e do meu terreiro!
Pelas sete irradiações de nosso Criador,
clamo sua presença através de seus falangeiros
e rogo que corte qualquer energia
que me atinge negativamente.
Corte despachos, amarrações e pragas.
Afaste de minha vida as falsas amizades
e toda conduta que me desvie da evolução.
Aceite humildemente a minha oferenda.

Iansã

Iansã é a orixá dos movimentos e do tempo climático. As tempestades, as chuvas e os ventos são suas manifestações de força na natureza. O vento precisa de uma direção, a chuva também, logo, mãe Iansã é a mãe do direcionamento. Forma com pai Xangô o casal do dendê, e com pai Ogum aplica a Lei na Umbanda.

Seu dia é a quarta-feira. Sua vela pode ser amarela, vermelha, branca ou de outra cor, de acordo com sua crença. Seus pontos de força são o alto das pedreiras e as colinas, onde o vento é abundante.

Eleve suas vibrações, acenda uma vela e levante-a acima da cabeça. Imagine a chuva e os raios caindo perto de você. Respire profundamente, assente a vela, ilumine seus pensamentos e faça a oração.

🌱 *Salve, mãe Iansã* (I) 🌿

Eu consagro esta vela a mãe Iansã,
e clamo à senhora, divina mãe, senhora do tempo,
senhora da chuva, senhora dos ventos sagrados,
que seus ventos me envolvam neste momento,
retirando de mim todos os miasmas e larvas astrais.
Ó, mãe amada,
direcione-me para o caminho que eu tenho de seguir,
para que eu não falhe em minha missão aqui na Terra,
missão esta que é única e exclusiva
de me tornar uma pessoa melhor,
seja no campo amoroso, seja no campo profissional,
seja no campo espiritual, seja no campo familiar.
Minha mãe,
eu clamo à senhora que me direcione.
Que nunca me falte seu direcionamento,
que seus ventos sagrados envolvam minha mente,
dando-me pensamentos melhores,
dando a mim, sagrada mãe,
objetivos nobres a serem alcançados.

Divina mãe Iansã,
que neste momento seus raios possam cair à minha volta.
Caso haja alguma magia negativa que insista em me derrubar
ou algum espírito que não esteja afim com minha vibração,
minha mãe,
que seu raio sagrado os purifique e os afaste de mim.
Divina mãe Iansã,
eu clamo à senhora, neste momento,
que olhe por toda a minha família.
Que seus ventos sagrados envolvam todos os meus familiares,
onde quer que eles estejam,
e retirem deles todas as perturbações materiais e espirituais.
Divina mãe Iansã,
eu clamo à senhora por meus entes queridos
que daqui já partiram e estão no Orum.
Que seus ventos sagrados os encontrem,
onde eles estiverem neste momento,
e que seus raios iluminem cada vez mais o espírito deles,
direcionando-os a seus lugares de merecimento
para que tenham paz espiritual.
Amém!

🌿 *Salve, mãe Iansã (II)* 🌿

Minha mãe Iansã,
hoje me direciono à senhora
para que interceda a meu favor,
guiando meus passos para que eu consiga me direcionar.
Tenho andado perdido, divina mãe...
Confio na senhora
para que eu realize o desejo de [*pedido*].
Com a certeza de que seus ventos hão de me guiar,
já me sinto mais leve e pronto para voltar a caminhar.
Sua bênção, minha mãe!

🐾 *Eparrei, Iansã* 🐾

Senhora dos raios, tenho me sentido perdido.
Tenho estado na solidão, minha mãe.
Hoje peço à senhora que seus raios sagrados
iluminem a minha vida e a de toda a minha família.
Caso nós estejamos sendo vítimas de magias negativas,
eu lhe clamo, minha mãe,
que desça um raio luminoso
para iluminar todas as trevas que nos cercam,
iluminando também todos os seres e criaturas
que nos atormentam.
Divina mãe, recolha-os com seus ventos sagrados
e os entreguem a seus lugares de direito na criação.
Minha mãe, que seus raios purifiquem minha casa,
meu trabalho e todos os meus familiares.
Amém!

Ibeji

Ibeji são os orixás gêmeos. Suas atribuições são a paz, a cura, a harmonia, a alegria e tudo o que você quiser pedir a esses amados orixás.

Seu dia é o domingo. Sua vela pode ser rosa ou azul-clara. Seus pontos de força são os jardins, os campos floridos e a beira dos rios.

Eleve suas vibrações, acenda uma vela e levante-a acima da cabeça. Imagine um jardim. Nesse jardim, mentalize os erês, as crianças chegando perto de você. Respire profundamente, assente a vela, ilumine seus pensamentos e faça a oração.

🦋 *Salve, Ibeji* 🦋

Salve as crianças!
Salve, erês!
Salve as crianças!
Sagradas crianças da espiritualidade,
eu clamo a vocês, neste momento,
que neste jardim sagrado colham as flores mais belas
e as tragam para mim,
enfeitando meu mundo espiritual.
E, com meu mundo espiritual enfeitado,
eu tenha condições para entender
e começar a transmitir a beleza de cada flor.
Que eu consiga exalar seu perfume
para minha vida material, minha vida espiritual
e para todos os que estão à minha volta.
Sagradas crianças, eu clamo a vocês, neste momento,
que levantem meu astral, não me deixem cair na tristeza,
curem, em meu íntimo, a fadiga, o cansaço e o mal-estar.
Curem em meu íntimo toda canseira
que insiste em me derrubar.

Sagradas crianças, eu clamo a vocês, neste momento,
que iluminem meu caminhar.
Peguem em minha mão e me direcionem.
Ibeji, direcione-me para a alegria de servir ao Criador,
para a alegria de estar junto dos meus,
com toda a minha família material e espiritual.
Salve, Ibeji!
Salve as crianças!

🌿 *Salve as crianças (I)* 🌿

Sagradas crianças da Umbanda,
rogo a vocês, neste momento,
que dos jardins de Oxalá me enviem suas vibrações,
e que elas se irradiem por minha casa e minha família,
devolvendo-nos a paz e a harmonia.
Peço também que a pureza de suas vibrações
inunde meu espírito e minha matéria
para que eu me restabeleça
desse desequilíbrio momentâneo.
Sagradas crianças,
que o perfume dos jardins de Oxalá
esteja comigo em minha caminhada.
Amém!

🦌 *Salve as crianças (II)* 🌿

Sagradas crianças da Umbanda,
rogo a vocês que me envolvam em suas vibrações
para que eu possa entrar em harmonia
com todas as pessoas que me cercam.
Peço a vocês que me auxiliem,
pois tenho me desequilibrado facilmente,
perdido a paciência
e afastado minha família e os amigos de meu convívio.
Peço a vocês que me devolvam a alegria de viver e a paz,
que curem as chagas da desconfiança e da descrença.
Que suas bênçãos eliminem
quaisquer energias contrárias às leis de Deus
que possam estar me atingindo.
Sagradas crianças da Umbanda,
que suas brincadeiras diluam toda a tristeza à minha volta,
que suas energias me abençoem,
abençoem meu lar, meu trabalho e todos ao meu redor.
Amém!

Iemanjá

Iemanjá é considerada a mãe de todos os orixás e seu atributo é a geração. Podemos fazer pedidos diversos a mãe Iemanjá, desde prosperidade e cura até descarregos e limpeza.

Seu dia é o sábado. Sua vela pode ser branca ou azul-clara. Seus pontos de força são os rios de grande extensão e, no Brasil, o mar.

Depois de colocar um pouco de sal ou água do mar em um prato, eleve suas vibrações, acenda uma vela e levante-a acima da cabeça. Imagine a divina mãe diante de você. Respire profundamente, assente a vela, ilumine seus pensamentos e faça a oração.

🍃 *Salve, mãe Iemanjá (I)* 🍃

Salve, senhora das águas salgadas!
Salve seu poder purificador e energizador.
Salve suas sete ondas sagradas!
Que elas possam vir neste momento
para me abençoar.
Que sua primeira onda, minha mãe,
entre em meu lar,
purificando toda a minha casa e meus familiares.
Que sua segunda onda, minha mãe,
possa curar a mim e a minha família
de todos os males materiais e espirituais.
Que sua terceira onda, minha mãe,
possa lavar nossos corações
para que possamos alcançar
a paz e a serenidade
em nosso seio familiar.
Que sua quarta onda, minha mãe,
possa gerar saúde,
e que sempre possamos ter forças para trabalhar.

Que sua quinta onda, minha mãe,
recolha todos os espíritos sofredores e desequilibrados
que possam estar nos acompanhando.
Que sua sexta onda, minha mãe,
gere prosperidade em nossa vida material e espiritual.
Que sua sétima onda, minha mãe,
gere em nós o sentido de sempre perdoar
e compreender todos à nossa volta.
Que suas águas sagradas nos abençoem hoje e sempre.
Amém!

🌿 *Salve, mãe Iemanjá (II)* 🌿

Salve, mãe geradora da vida.
Clamo, neste momento, por sua intercessão
para gerar no seio de minha família a paz e a harmonia.
Que a senhora me cubra com seu manto sagrado,
afastando toda a inveja e todo o olho-gordo.
Ó, mãe divina,
afaste de minha vida todas as energias negativas
e me abençoe com suas águas sagradas
para que nunca me falte o pão de cada dia.
Amém!

🌿 *Salve, mãe das águas grandes* 🌿

Mãe divina,
peço que suas águas inundem meu lar,
meu trabalho e toda a minha família,
recolhendo todas as energias negativas
que possam estar me atingindo.
Purifique, ó, minha mãe,
meus pensamentos e minhas ações
para que eu não me desvie do caminho
que me leva ao encontro de pai Olorum.
Amém!

🌿 *Oração para o Dia de Iemanjá* 🌿

Na nossa doutrina, 2 de fevereiro é dia de louvar mãe Iemanjá. Acenda uma vela azul-clara, eleve seus pensamentos, respire fundo e faça a oração.

Odociaba, minha mãe!
Salve seu dia!
Salve o dia 2 de fevereiro!
Salve as ondas do mar!
Odociaba, minha mãe Iemanjá!
Que suas ondas sagradas
inundem meu espírito,
minha matéria, meu corpo, minha casa,
trazendo-me paz, felicidade e prosperidade.
Que as águas salgadas
possam diluir todo o negativismo ligado a mim,
à minha casa e aos meus familiares.
Que sua onda, minha mãe,
traga-me os sete sentidos da vida
e que todos os sentidos me façam prosperar.

Que suas ondas sagradas, minha mãe,
estejam presentes todos os dias em minha vida.
Saravá, mãe Iemanjá!
Odociaba, minha mãe!

Nanã

Mãe Nanã é a orixá da decantação, das memórias, da sabedoria. É considerada a avó da Umbanda. É a orixá anciã que, por meio dos pântanos e da lama, irradia toda a sua força.

Seu dia é o sábado. Sua vela pode ser lilás, marrom, salmão ou rosa, dependendo de sua crença. Seus pontos de força são os pântanos.

Eleve suas vibrações, acenda uma vela e levante-a acima da cabeça. Imagine a divina mãe diante de você. Respire profundamente, assente a vela, ilumine seus pensamentos e faça a oração.

🌿 *Saluba, Nanã (I)* 🌿

Salve, Nanã!
Salve, avó da Umbanda!
Mãe da sabedoria e da ancestralidade,
envolva-me em seu manto sagrado,
decantando todas as mazelas de minha vida.
Que eu consiga entender
e compreender o próximo.
Que possa perdoar as mágoas
e me tornar uma pessoa melhor.
Divina mãe, Nanã,
abençoe meu lar.
Que eu tenha sabedoria
para conduzir minha família
ao encontro de pai Olorum.
Amém!

Saluba, Nanã (II)

Divina mãe, Nanã,
rogo para que sua lama sagrada
envolva meu espírito
e decante todas as doenças.
Que toda enfermidade
seja recolhida em seu pântano sagrado.
Que, após recolher as energias enfermiças,
sua lama comece a irradiar energias de saúde
para que meu espírito e meu corpo sejam restabelecidos
e eu possa trabalhar e viver com mais saúde.
Amém!

🦎 *Saluba, Nanã (III)* 🦎

Mãe Nanã, sagrada avó da Umbanda,
venho pedir à senhora, neste momento,
que envie as energias de seu pântano sagrado
para a minha casa, o meu trabalho
e para toda a minha família.
Divina mãe da sabedoria,
decante todas as influências negativas de minha vida.
Que sua lama sagrada me envolva.
Que seu barro sagrado me molde em uma pessoa melhor.
Proteja a minha vida e a de minha família
e nos cure de todos os males.
Amém!

⚘ *Saluba, avó* ⚘

Divina avó,
que sua paciência e sua sabedoria
sejam meus alicerces nesta vida.
Que seu barro sagrado me purifique de toda má influência
e me molde para que eu seja digno de suas bênçãos.
Amada mãe Nanã,
não deixe que eu me afunde em pensamentos negativos.
Não permita que eu crie um lamaçal
de tristezas à minha volta.
Que suas bênçãos estejam sempre ao meu lado
e decantem todas as tristezas.
Que, a partir de seu pântano,
eu possa renascer e ser uma boa pessoa.
Divina avó da Umbanda,
irradie sua lama sagrada em minha casa,
em meu terreiro e em meu trabalho.
Que ela nos cubra,
decantando todas as impurezas de nossos corações.
Amém!

Obá

Mãe Obá é a orixá guerreira da verdade, da firmeza e da sustentação, sendo também conhecida como mãe da sabedoria. Combate a falsidade em geral, os falsos profetas e expande a sabedoria para que possamos alcançar pai Olorum.

Seu dia é a quarta-feira. Sua vela pode ser vermelha, magenta, marrom-escura ou verde-escura, conforme sua doutrina. Seus pontos de força são as matas, a beira dos rios e as clareiras dentro das matas.

Eleve suas vibrações, acenda uma vela e levante-a acima da cabeça. Imagine a divina mãe diante de você. Respire profundamente, assente a vela, ilumine seus pensamentos e faça a oração.

🦌 *Salve, mãe Obá (I)* 🦌

Mãe da verdade e da sabedoria,
rogo à senhora, neste momento,
que atue em minha vida,
dando-me sabedoria
para enfrentar as adversidades da vida.
Mãe Obá,
clamo que sua espada divina
sempre esteja a me proteger,
afaste-me de todos os falsos profetas e falsos amigos.
Não me deixe cair pelas tentações
e palavras levianas que me cercam.
Mãe da verdade,
que seu escudo sempre me proteja.
Amém!

🌿 *Salve, mãe Obá* (II) 🌿

Mãe guerreira e divina,
tenho me sentido perdido e sem rumo.
Não tenho conseguido me concentrar,
perco-me em pensamentos negativos
que me levam às minhas quedas conscienciais.
Por isso, minha mãe,
estou me dirigindo à senhora para clamar
que sua espada corte toda a mentira à minha volta.
Corte, minha mãe,
todas as energias e más influências que me cercam.
Mãe, dê-me a sustentação divina.
Dê-me a força necessária
para que eu não me perca em pensamentos.
Dê-me o chão
para que eu me sinta seguro
e acolhido no mistério divino.
Amém!

🌿 *Salve, mãe Obá (III)* 🌿

Mãe da sabedoria e da verdade,
clamo, neste momento,
que seu escudo me envolva e me proteja.
Que eu tenha, minha mãe, o discernimento necessário
para entender e compreender todos à minha volta.
Que sua espada sagrada
me ajude a separar as emoções negativas
que atrapalham a razão.
Que eu possa, minha mãe,
expandir a verdade e a sabedoria
e nunca deixar meus sentimentos falarem por mim.
Mãe Obá,
com suas bênçãos, já me sinto mais preparado
para caminhar nesta vida
rumo ao encontro com pai Olorum.
Amém!

Obaluaê

Obaluaê é o senhor da quietude, do silêncio, da tranquilidade. É o senhor das passagens dos mundos materiais e espirituais; é o senhor da transmutação das energias. Suas palhas são as inúmeras chaves das passagens que existem na criação.

Seus dias são a sexta-feira e a segunda-feira, mas pode-se orar para ele independentemente dos dias citados. Sua vela pode ser branca, violeta ou preta, vermelha e branca (tricolor). Seus pontos de força são os cruzeiros dos cemitérios.

Eleve suas vibrações, acenda uma vela e levante-a acima da cabeça. Imagine o divino pai diante de você. Respire profundamente, assente a vela, ilumine seus pensamentos e faça a oração.

🌿 Atotô, Obaluaê 🌿

Que a paz e o silêncio me envolvam
neste momento, amado senhor.
Que suas palhas curadoras e transmutadoras
envolvam meu espírito,
minha aura, minha vida e minha casa.
Que cada fio de palha, pai,
traga a chave da criação
para que eu transmute meus sentimentos
e atinja meus objetivos.
Amado pai Obaluaê, eu clamo ao senhor, neste momento,
que a saúde seja restabelecida em minha vida.
Eu lhe clamo, amado pai,
que toda a paz e todo o silêncio que perdi
sejam devolvidos pelo senhor.
Que cada fio de palha, pai,
possa abrir uma passagem espiritual
para que eu consiga encontrar novamente
o caminho do silêncio,
da paz e da minha cura espiritual.

Amado pai Obaluaê,
eu clamo ao senhor, neste momento,
que todas as suas palhas transmutem
as energias negativas em positivas,
não só para mim, mas para toda a humanidade,
para minha família e para onde meu pensamento levar.
Que, neste momento,
suas palhas caiam sobre minha vida profissional,
transmutando desespero em esperança, tristeza em alegria,
transmutando a falta de condições
em condições de colocar o pão em nossa mesa a cada dia.
Amado pai Obaluaê, eu clamo ao senhor no dia de hoje
que suas palhas me envolvam,
me deem a paz necessária
para que eu consiga novamente levantar
e transmutar a minha vida,
para que não haja lugar para a tristeza
e para o desespero no meu caminhar.
Atotô, Obaluaê!
Atotô, meu pai!
Sua bênção!

🌿 *Salve, Obaluaê (I)* 🌿

Salve, Obaluaê,
senhor das passagens e da cura,
tenho andado ferido na alma e na carne.
Dirijo-me humildemente ao senhor, neste momento,
para que possa me auxiliar
a encontrar a cura necessária para meu corpo.
Pai, minha matéria está padecendo,
e não tenho mais para onde correr.
Clamo ao senhor
que irradie sobre mim um banho de pipocas,
transmutando minha dor em saúde.
Senhor Obaluaê,
que a cura se faça
e que seu poder seja louvado
hoje e sempre.
Amém!

❦ *Salve, Obaluaê (II)* ❦

Meu pai Obaluaê,
venho clamar ao senhor
que interceda com suas palhas curadoras
em nome de [*nome da pessoa*]
para que sua saúde seja restabelecida.
Pai, clamo ao senhor que,
caso essa doença seja proveniente de energias negativas,
mande um de seus enviados
para envolver toda essa energia e transmutá-la.
Eu clamo ao senhor, também,
que deixe uma faísca de sua irradiação
para abençoar toda a família de [*nome da pessoa*],
assim como todas as pessoas
que estão envolvidas na recuperação dela(e).
Amado pai, rogo-lhe sua bênção.
Amém!

Ogum

Ogum é o orixá da ordenação. Tudo que está desordenado na criação de Deus, pai Ogum entra em ação para ordenar. É considerado o orixá da Lei, o braço armado de Deus. Pai Ogum e pai Xangô são os responsáveis pelo equilíbrio e pela ordenação de tudo o que é criado.

Pai Ogum também é tido como o orixá da guerra. É ele quem combate as trevas da ignorância para que a ordem seja restabelecida na eterna luta do Bem contra o Mal.

Além disso, é considerado o orixá dos caminhos, das estradas e do aço. É o detentor da espada divina que corta todo o mal, detentor do escudo e da lança de Deus.

Seu dia é a terça-feira. Sua vela pode ser branca, vermelha ou azul-escura, de acordo com a sua crença. Seus pontos de força são os caminhos e as estradas.

Eleve suas vibrações, acenda uma vela e levante-a acima da cabeça. Imagine o divino pai diante de você. Respire profundamente, assente a vela, ilumine seus pensamentos e faça a oração.

🌿 *Ogunhê, meu pai (I)* 🌿

Amado pai Ogum,
estou aqui de joelhos, neste momento,
pedindo-lhe que interceda em minha vida,
que interceda em meu caminho.
Senhor dos caminhos, senhor das estradas,
estou aqui, neste momento, pai,
pedindo ao senhor que, com sua espada divina,
corte todas as energias negativas à minha volta.
Que o senhor corte principalmente o fel dos maus instintos
que me levam às quedas conscienciais.
Que seu escudo, amado pai,
me proteja de todas as investidas do baixo astral
e também me proteja de mim mesmo,
dos maus pensamentos, das atitudes e das palavras.
Que sua lança seja colocada à minha frente,
direcionando-me sempre no caminho
que me leve ao divino pai Olorum.
Tenho certeza, divino pai Ogum,
de que, seguindo sua retidão,

com sua lança apontando,
logo estarei melhor e com meus caminhos abertos.
Amado pai,
que seu manto sagrado me envolva neste momento
e envolva tudo e todos ligados a mim.
Que seu manto envolva toda a minha família
e todos os espíritos que não seguiram sua caminhada.
Que a sua ordenação divina possa iluminar cada um deles
e também o meu caminhar.
Que seu manto sagrado esteja sempre comigo, pai.
Peço, neste momento, ao divino pai Ogum,
aos pais Oguns e à energia de Ogum que me assiste,
que intercedam em minha vida,
abrindo meus caminhos,
dando-me condições de colocar,
em minha mesa, o pão nosso de cada dia,
de colocar dentro de minha casa
melhores condições de vida.
Ao senhor, pai Ogum,
eu credito minha felicidade e meu caminhar.
Amado pai, peço-lhe sua bênção hoje e sempre.
Amém!
Ogunhê, meu pai!
Ogunhê, meu senhor!

Ogunhê, meu pai (II)

Senhor Ogum,
eu lhe clamo, em nome do senhor Olorum,
que interceda em minha vida,
abrindo meus caminhos materiais e espirituais.
Que o senhor abençoe meu lar e toda a minha família.
Que suas emanações divinas envolvam a todos nós,
para que possamos ter a vida ordenada e equilibrada.
Amado pai, afaste de mim toda energia negativa.
Clamo ao senhor,
caso eu seja vítima de alguma influência negativa,
que me dê sua bênção
para que ela seja diluída e afastada de mim.
Amém!

❧ *Clamor à espada de Ogum* ❧

Amado pai Ogum,
humildemente venho clamar suas bênçãos
e a ação de sua espada divina.
Sinto que meu corpo e minha vida estão amarrados.
Não encontro forças para me libertar,
não tenho tido paz
e me sinto completamente sem forças.
Por isso, eu lhe clamo
que a lâmina afiada de sua espada caia sobre mim,
cortando todas as amarrações,
desobstruindo todo os meus chacras,
ordenando minha mente e minha vida.
Que sua espada estenda sua ação
a todos os que estão à minha volta,
livrando-os de suas prisões conscienciais.
Que sua espada irradie para todos sua luz divina,
abençoando-nos hoje e sempre.
Amém!

🌿 *Clamor ao escudo de Ogum* 🌿

Pai Ogum,
venha me valer neste momento de dor.
Estou confuso,
minha mente está perdida
diante da vida e dos caminhos trilhados.
Por isso, amado pai,
clamo que seu escudo divino venha me valer,
protegendo-me de toda e qualquer
energia negativa à minha volta.
Que seu escudo divino me proteja
de todos os falsos profetas,
falsos amigos e de toda perversidade humana.
Amado pai,
que seu escudo divino me proteja,
principalmente de mim mesmo,
libertando-me de todos os pensamentos maléficos.
Amém!

🌿 *Clamor à lança de Ogum* 🌿

Amado pai Ogum,
estou trilhando caminhos tortuosos
e continuamente me sinto fraco, desanimado e perdido.
Por isso, amado pai,
clamo que sua lança divina seja colocada à minha frente
para que eu possa seguir o caminho por ela apontado.
Que eu nunca me desvie da direção apontada pelo senhor
para que eu alcance as bênçãos do amado pai Olorum.
Amém!

Omolu

Pai Omolu, senhor da vida e da morte, e pai Obaluaê, senhor das passagens, atuam na cura. No momento da concepção, pai Omolu ativa o fio da vida e o coração começa a pulsar com sua centelha divina. No momento do desencarne, pai Omolu corta o fio da vida e pai Obaluaê abre a passagem para o espírito voltar ao Orum.

Em nossa doutrina, também acreditamos que pai Omolu atua finalizando ou paralisando (morte) e iniciando ou reiniciando ciclos (vida) em todos os sentidos.

Pai Omolu é sincretizado por alguns com o Anjo da Morte. Com a ponta do alfanje sagrado que carrega, ele ativa e desativa tudo o que a ele é pedido e merecido.

Seu dia é a segunda-feira. Sua vela pode ser branca, roxa ou preta, vermelha e branca (tricolor). Seus pontos de força são as calungas grandes (mares) e as pequenas (cemitérios).

Eleve suas vibrações, acenda uma vela e levante-a acima da cabeça. Imagine o divino pai diante de você. Respire profundamente, assente a vela, ilumine seus pensamentos e faça a oração.

🍃 *Salve, pai Omolu (I)* 🍃

Divino pai Omolu, senhor da vida e da morte,
clamo ao senhor, neste momento,
que possa me iluminar com sua onisciência
para que eu entenda este momento difícil,
para que eu paralise todo o negativismo à minha volta
e para que a vida volte a pulsar em minha caminhada.
Peço seu perdão, amado senhor,
por não entender que determinadas situações
precisam ser encerradas
e que não devo persistir.
Mas, com sua bênção,
retomarei o rumo de minha vida
e um dia serei digno de trilhar
o caminho em direção ao pai Olorum.
Amém!

🌿 *Salve, pai Omolu (II)* 🌿

Senhor da vida,
clamo, neste momento, que com seu poder divino
e a ponta de seu alfanje sagrado,
devolva-me o desejo de viver.
Corte, meu pai, todas as energias negativas que me afligem,
cubra-me com seu manto sagrado para que ele absorva
todas as pragas e maledicências que envolvem meu nome.
Que meu nome seja limpo dentro de seu mistério divino.
Que meu corpo e meu espírito sejam livres
e o fio da vida volte a pulsar constantemente.
Encaminhe-me, senhor, para a senda de luz dos orixás,
afaste com seu alfanje sagrado todos os falsos profetas
e as falsidades que me desviaram do caminho.
Senhor da vida e da morte, confio-lhe meu caminhar
para que eu sempre caminhe na direção sagrada.
Amém!

🌿 *Salve, pai Omolu* (III) 🌿

Salve, pai Omolu!
Salve, senhor da vida e da morte!
Humildemente lhe clamo, divino pai,
que cure as chagas de minha vida,
chagas que me paralisaram por dias sem fim.
Entreguei-me à tristeza,
ao pânico e ao medo de viver.
Recolhi-me ao meu âmago
sem entender o que me afligia, amado pai.
Hoje, entendo que o único culpado dessa situação fui eu,
e clamo o perdão do divino pai Olorum
e de todos em minha vida.
Mas o senhor, pai, pode finalizar esse ciclo
de tristeza e iniciar um novo,
no qual renderei orações e agradecimentos
a todos os orixás e ao Criador.
Neste momento, curvo-me ao senhor, amado pai,
para que toda a tristeza
e toda a negatividade que me envolvem

possam ser cortadas por seu alfanje sagrado
e recolhidas por seu manto divino.
Clamo por suas bênçãos
em minha vida e na de minha família.
Clamo por suas bênçãos nos dias que se seguirão,
já com a certeza de que um novo ciclo de paz e harmonia
se iniciará em minha vida.
Amém!

Oroiná

Mãe Oroiná é pouco conhecida na Umbanda. Assim como pai Xangô, seu elemento é o fogo purificador dos excessos emocionais dos seres desequilibrados, desvirtuados e viciados. Segundo a teogonia de Umbanda trazida por pai Benedito — por meio do autor Rubens Saraceni —, as características de mãe Oroiná se assemelham às da deusa hindu Kali.

Mãe Oroiná é responsável por consumir o negativismo dos seres, enquanto pai Xangô os equilibra. Cabe a mãe Oroiná executar as sentenças de pai Xangô e polarizar-se com pai Ogum, aplicando a justiça em todos os sentidos da vida. Ela também aquece o coração dos fiéis e purifica o dos infiéis.

Seu dia é a quinta-feira. Sua vela pode ser branca ou laranja, conforme sua crença. Seus pontos de força são as pedreiras e os caminhos.

Eleve suas vibrações, acenda uma vela e levante-a acima da cabeça. Imagine a divina mãe diante de você. Respire profundamente, assente a vela, ilumine seus pensamentos e faça a oração.

🌿 *Salve, Oroiná (I)* 🌿

Salve, mãe Oroiná!
Sua benção, divina mãe do fogo sagrado!
Rogo, neste momento,
que as emanações de seu fogo sagrado
consumam todo o negativismo de minha casa.
Que seu fogo divino
consuma e feche todos os portais negativos
que estiverem abertos em minha moradia, sagrada mãe.
Humildemente, peço que seu fogo abençoe minha família.
Não permita que as maledicências da vida
derrubem minha vibração e quebrem minha fé.
Senhora do fogo divino,
Purifique, com seu fogo sagrado,
o meu caminhar, minha casa, meu campo de trabalho
e todos os meus familiares.
Amém!

🌿 *Salve, Oroiná* (II) 🌿

Salve, Oroiná!
Divina mãe,
clamo que meus pensamentos sejam purificados.
Consuma, ó, mãe divina, o fel dos maus instintos
que insistem em derrubar minha vibração.
Que seu fogo sagrado purifique meus chacras,
meu eixo magnético e minha aura espiritual.
Que seu fogo sagrado consuma os portais negativos
abertos sob meus pés e em minha moradia.
Divina mãe,
que seu fogo sagrado se instale em minha vida
até que eu me recupere
e seja banhado com o fogo equilibrador de pai Xangô.
À senhora, confio meu restabelecimento.
Amém!

Oração à mãe Oroiná

Sagrada mãe do fogo divino,
que suas labaredas incandescentes
iluminem meu caminhar,
consumindo todas as adversidades da vida.
Que suas labaredas de fogo
façam um círculo luminoso à minha volta,
afastando todos os espíritos sofredores e desequilibrados
que possam estar próximos a mim.
Que seu fogo divino
gere em minha vida a paz, o amor e a prosperidade.
Divina mãe,
peço-lhe sua benção hoje e sempre.
Amém!

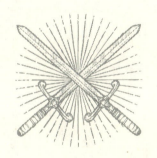

Ossaim

Ossaim (ou Ossanha) é um orixá pouco cultuado na Umbanda. É o responsável pelas folhas verdes e a ele está relacionada a frase: "Sem folha, não há orixá[2]".

Como pai Oxóssi é o senhor das matas, ele rege tudo o que está dentro dela. Assim, pai Ossaim é quem sempre abençoa as folhas, mas, quando não é cultuado, pai Oxóssi as acrescenta ao seu poder e as entrega à casa.

Pai Ossaim atua nas folhas verdes, nos banhos e nos amacis, mas sua bênção também pode ser pedida sempre que se fizer um chá com folhas verdes. Peça a benção deste orixá para que ele coloque todo o poder das ervas no chá.

Seu dia é a quinta-feira. Sua vela pode ser verde-clara ou branca. Seu ponto de força é o interior das matas.

Eleve suas vibrações, acenda uma vela e levante-a acima da cabeça. Imagine o divino pai diante de você. Respire profundamente, assente a vela, ilumine seus pensamentos e faça a oração.

---

2   Em iorubá, "Kó si ewé, kó sí Òrìsà". [NE]

🌿 *Salve, Ossaim (I)* 🌿

Salve, Ossaim!
Salve, senhor das folhas verdes
que nascem nas matas de pai Oxóssi!
Clamo que abençoe essas folhas
para que eu possa usá-las em meu benefício
e no de minha família.
Que suas folhas sagradas jorrem toda a energia necessária
para que eu consiga me restabelecer.
Que elas me tragam paz, serenidade e a cura dos males
que me afetam, tanto no espiritual quanto no material.
Amado pai Ossaim,
derrame sobre mim o bálsamo sagrado de suas folhas.
Amém!

🌿 *Salve, Ossaim* (II) 🌿

Ewé, ewé, Ossaim!
Senhor das folhas sagradas,
senhor das folhas,
que derramam seu sangue verde
em benefício da humanidade,
rogo, neste momento,
que envie suas folhas espirituais
e que elas envolvam minha casa,
minha família e todos à minha volta.
Que suas folhas curem todos os miasmas
e todas as larvas astrais
impregnados em minha aura.
Que suas folhas cubram com seu sangue verde
a minha casa e cada um de meus familiares.
Que suas folhas sagradas
proporcionem paz e prosperidade à minha vida.
Amém!

🌿 *Salve, Ossaim* (III) 🌿

Salve, Ossaim!
Rogo, neste momento,
que envie o bálsamo sagrado de suas folhas.
Que suas folhas formem
uma esteira sagrada em minha cama
para que tenha uma boa noite de sono.
Deitado sobre suas folhas,
que elas curem as chagas de meu corpo e de meu espírito,
que revigorem toda a energia perdida
e, caso exista alguma negatividade em mim,
que suas folhas sagradas
recolham-na para o âmago de seu mistério.
Amém!

Salve, Ossaim (IV)

Salve, Ossaim!
Clamo, neste momento,
que abençoe este [*banho ou chá de folhas verdes*]
e que suas folhas espirituais sagradas
imantem as minhas folhas,
identificando o que precisam meu corpo e meu espírito,
tornando este [*chá ou banho*] o remédio necessário
para mim ou quem fizer seu uso.
Amém!

Oxalá

Oxalá é considerado o pai da Umbanda e ele ocupa o ponto mais alto dos altares. A ele devemos orar pedindo paz, harmonia, elevação espiritual, perdão e tudo o que acharmos necessário, mas o perdão e a paz são os principais atributos de pai Oxalá.

Seus dias são a sexta-feira e o domingo, mas podemos orar todos os dias ao pai Oxalá. Sua vela é branca. Seus pontos de força são os campos.

Eleve suas vibrações, acenda uma vela e levante-a acima da cabeça. Imagine o divino pai diante de você. Respire profundamente, assente a vela, ilumine seus pensamentos e faça a oração.

🌿 *Epa babá, orixá (1)* 🌿

Oxalá, meu pai.
Divino pai Oxalá,
clamo ao senhor, neste momento,
que perdoe minhas falhas e minha falta de fé.
Amado pai,
envolva-me em seu manto sagrado,
acolha-me e fortaleça a minha fé.
Que suas irradiações alcancem toda a minha família,
unindo-nos cada vez mais.
Amado pai,
rogo-lhe também que suas bênçãos
iluminem tudo e todos à minha volta.
Que suas bênçãos me deem mais força
para suportar as adversidades da vida.
Que sua luz cristalina divina nunca me deixe cair
na escuridão de meus desesperos
e que eu sempre possa enxergá-la.
Amém!

🦌 *Epa babá, orixá* (II) 🌿

Salve, meu pai Oxalá!
Oxalá, meu pai!
Oxalá, iê, meu pai!
Oxalá é meu pai!
Salve, meu pai Oxalá!
Oxalá, meu pai!
Divino pai Oxalá,
clamo ao senhor, neste momento,
que interceda em minha vida,
em meu caminhar e em minha família.
Abençoa, pai,
minha(meu) esposa(o), minha(meu) filha(o)
e todos os meus familiares.
Abençoa minha mãe, meu pai
e toda a minha família, amado senhor.
Amado senhor,
clamo que suas irradiações de fé
sejam enviadas para todos nós
e para toda a humanidade.

Clamo também que seu cajado, o opaxorô,
que sustenta todos os mundos criados pelo senhor,
sustente meu caminhar e minha vida aqui na Terra.
Dê-me paz, amado pai.
Dê-me sabedoria, amado senhor.
Dê-me, senhor, paciência
para caminhar passo a passo minha vida aqui na Terra.
Amado pai Oxalá,
clamo ao senhor, neste momento,
que perdoe minhas falhas, meus atos, minhas atitudes,
atitudes essas, amado pai,
que me levaram a cair de vibração
porque eu não soube perdoar e não perdoei.
Tenho a certeza de que,
com suas irradiações e com suas bênçãos
sendo derramadas sobre mim,
neste momento, poderei atingir o Alto
e elevar minha vibração,
conseguirei ter o perdão de meu pai Olorum
e, perdoado, mais sábio,
caminharei aqui na Terra com mais paz e alegria.
Amado pai Oxalá,
clamo que seu manto sagrado me cubra no dia de hoje
para que, coberto como seu manto,
mais confortado eu possa me sentir;

que, coberto com seu manto,
mais carinhoso eu possa me sentir
e dar carinho para todos os meus.
Amado pai Oxalá,
que o senhor me ensine a agregar
e congregar sua paz divina
para que ela seja instalada em meu lar e em minha vida.
Amém!

❧ *Epa babá, orixá (III)* ❧

Divino pai, Oxalá,
clamo ao senhor, neste momento,
que a paz reine em minha família.
Não permita, amado pai,
que intrigas e maledicências
possam destruir a paz em meu lar.
Que sua infinita paz
esteja sempre a me acompanhar.
Amado pai,
cubra-me com seu manto sagrado
para que eu possa aprender a lei do perdão,
para que possa aprender a perdoar
mais do que ser perdoado.
Amém!

Oxóssi

Oxóssi é o orixá da caça, da fartura e do conhecimento. Ele carrega consigo um arco e uma flecha e é considerado o caçador de uma flecha só, o caçador de almas e espíritos perdidos, o caçador do conhecimento e da sabedoria, o guardião das matas.

Seu dia é a quinta-feira. Sua vela pode ser verde, branca ou de outra cor, de acordo com sua crença. Seus pontos de força são as matas.

Eleve suas vibrações, acenda uma vela e levante-a acima da cabeça. Imagine as matas e o divino pai diante de você. Respire profundamente, assente a vela, ilumine seus pensamentos e faça a oração.

🦌 *Okê arô, Oxóssi (I)* 🦌

Salve, pai Oxóssi!
Okê arô, Oxóssi!
Okê arô, caçador!
Salve, meu pai!
Salve o senhor da caça!
Salve o senhor da fartura!
Salve o senhor da prosperidade!
Venho humildemente, neste momento, amado pai,
clamar ao senhor que atire sua flecha.
Ao senhor, que é o caçador de uma flecha só,
que sua flecha certeira, pai,
indique o que eu preciso conhecer,
reciclar e entender
para que minha vida possa prosperar.
Que o senhor possa trazer
na ponta de sua flecha, amado pai,
meu autoconhecimento, para que, me entendendo,
eu possa compreender e entender
minhas dificuldades aqui na Terra.

Ó, caçador, ajude-me a prosperar na caça!

Que a caça, que é o alimento e o pão nosso de cada dia,

nunca falte em minha mesa, meu pai.

Salve, caçador!

Salve, senhor Oxóssi!

Salve, senhor das matas!

Que suas matas se abram sobre mim neste momento.

Que o bálsamo curador das ervas

existentes em sua morada sagrada

possa cair sobre mim neste momento.

Salve, caçador!

Salve, guardião das matas!

Que suas ervas possam ungir

meu campo espiritual, minha alma,

trazendo para mim e toda a minha família

as bênçãos sagradas.

Que a sua flecha, pai, possa ser atirada mais uma vez,

rompendo todas as barreiras e obstáculos

que insistem em bloquear

minha caminhada e minha evolução.

Amado pai Oxóssi, que, neste momento,

todas as matas, pássaros e animais

possam reverenciá-lo como o grande caçador.

Nós, aqui na Terra, amado pai, reverenciamos

e, de joelhos, curvamos a cabeça pedindo sua bênção,

pedindo por dias melhores,
clamando por uma semana, por um dia melhor,
por uma mesa farta de prosperidade.
Posto que a prosperidade, pai, não é só o alimento,
peço-lhe prosperidade no campo profissional
para que eu possa entender melhor os colegas de trabalho.
E que eu possa prosperar também na vida espiritual.
Que minha mediunidade seja um instrumento seu
e do divino pai Olorum,
que eu seja mais bem compreendido como médium
e trabalhe melhor na sagrada Umbanda.
Okê arô, Oxóssi!
Okê, Odé! Koke maior!
Okê arô, meu pai!
Sua bênção, meu pai!

🏹 *Okê arô, Oxóssi* (II) 🏹

Salve, senhor da caça!
Salve, senhor do arco e da flecha!
Venho pedir-lhe humildemente, meu pai,
que arme seu arco com sua flecha certeira,
e, atirando-a, ela traga na ponta o conhecimento necessário
para que eu consiga trabalhar e ganhar o pão de cada dia.
Sagrado caçador de Olorum,
que sua flecha possa sempre iluminar meu caminhar.
Que sua flecha ilumine minha mente,
afastando a tristeza, a solidão, o desespero e a descrença.
Que sua flecha sagrada sempre derrame bênçãos sobre mim
para que eu nunca me afaste do caminho
que me leva de volta ao seio do pai Olorum.
Sagrado caçador de Olorum,
confiante de que sua flecha nunca errará
o que deve trazer para minha caminhada,
ofereço minhas orações diárias para que nada me falte.
Amém!

🌿 *Salve, Oxóssi* 🌿

Salve, senhor Oxóssi!
Salve, caçador de pai Olorum!
Permita-me entrar em suas matas
e, com o bálsamo de suas ervas,
curar todas as chagas de meu espírito.
Permita-me, em suas matas divinas,
reenergizar minha aura espiritual,
curando meus campos mediúnicos.
Divino caçador,
atire sua flecha para que ela me guie
para a prosperidade, a esperança e a evolução.
Que, na ponta de sua flecha,
eu enxergue a direção que ela me aponta.
Divino caçador,
que sua caça seja fartura em minha vida
e que eu possa, todos os dias,
semear a luz e o amor em toda a humanidade.
Senhor Oxóssi,
abençoe meus filhos, meus familiares e toda a humanidade.
Amém!

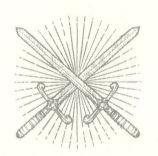

Oxum

Oxum é considerada a mãe do amor divino e da concepção (entenda "concepção" no sentido amplo, de conceber amor, maturidade, prosperidade, trabalho, projetos e tudo o mais que puder ser concebido).

Seu dia é a terça-feira ou o sábado, de acordo com sua crença. Sua vela pode ser branca, amarela, dourada, azul-escura, azul-clara, rosa ou de outra cor, conforme sua crença. Independente da cor da vela, o mais importante é a intenção. Seus pontos de força são as cachoeiras e a água represada próxima às quedas d'água.

Eleve suas vibrações, acenda uma vela e levante-a acima da cabeça. Imagine a divina mãe diante de você. Respire profundamente, assente a vela, ilumine seus pensamentos e faça a oração.

🌿 *Salve, mãe Oxum (I)* 🌿

Ora, iê, iê!
Divina mãe da concepção,
rogo que suas cachoeiras sagradas
caiam sobre mim e toda a minha família,
lavando as impurezas de nossos corações.
Instale, ó, minha mãe,
uma centelha de seu amor divino
para que assim eu possa inundar-me de amor ao próximo
e ao divino pai Olorum.
Que eu possa expandir suas bênçãos para todos nós.
Que seu amor divino se espalhe
por tudo e todos à minha volta.
Amém!

🌿 *Salve, mãe Oxum* (II) 🌿

Divina mãe do ouro e da concepção,
clamo que suas águas sagradas me purifiquem
de todas as energias contrárias
que possam estar me atingindo.
Que suas águas criem uma aura luminosa ao meu redor,
atraindo paz, saúde e prosperidade.
Que seu amor divino esteja sempre me abençoando.
Amém!

🌿 *Salve, mãe Oxum (III)* 🌿

Salve, mãe da concepção divina,
rogo à senhora que me dê a graça de [*fazer o pedido*].
Permita, minha mãe,
que suas águas sagradas percorram minha vida,
concedendo-me esse pedido que faço com toda a fé.
Mãe da concepção divina,
permita que eu possa conceber a coragem
de me olhar no espelho da vida e enxergar meus defeitos
para que possa corrigi-los e ser digno de suas bênçãos.
Amém!

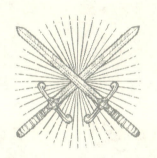

Oxumarê

Oxumarê é o orixá da renovação, que pode ser entendida como uma mudança ampla em todos os aspectos da vida. É considerado o senhor das cores, o senhor da renovação, a cobra viva de nossas vidas.

Seu dia é a terça-feira. Sua vela pode ser azul-clara, azul-escura, azul-turquesa ou amarela e preta (bicolor). Também pode ser feito um círculo com sete velas coloridas. Seus pontos de força são as cachoeiras.

Eleve suas vibrações, acenda uma vela e levante-a acima da cabeça. Imagine o divino pai diante de você. Respire profundamente, assente a vela, ilumine seus pensamentos e faça a oração.

🌿 *Arroboboi, Oxumarê (I)* 🌿

Salve, meu pai!
Salve, senhor da renovação!
Salve, senhor das águas supremas!
Salve, senhor das cores sagradas!
Amado pai Oxumarê,
clamo ao senhor, neste momento,
que sua ponte do arco-íris
possa chegar aonde estou,
trazendo a renovação de meu espírito,
a renovação de minha família,
a renovação de meus sentimentos,
a renovação de minha fé,
a renovação de meu conhecimento,
a renovação de meus conceitos.
Amado pai, clamo ao senhor
que suas águas supremas caiam por toda a Terra,
renovando em todas as pessoas o conceito de fé,
renovando os conceitos intolerantes,
tornando-os tolerantes.

Renove, pai, a pele, a casca dura de todas as pessoas,
assim como a cobra que troca de pele,
o senhor, que simboliza a cobra divina.
Eu clamo ao senhor, neste momento, amado pai,
que ajude toda a humanidade a ser menos egocêntrica,
menos vaidosa, menos ambiciosa,
renovando nas pessoas essa pele espiritual
que as envolve em sentimentos negativos.
Renove, amado senhor,
e dê paz e esperança a todos os desafortunados.
Renove, meu senhor, o colorido da vida das pessoas
para que elas possam enxergar quão bela é a vida
e quão supremos são o arco-íris e suas cores sagradas.
E, sendo supremo, amado Pai,
eu clamo ao senhor, neste momento,
que me dê sua bênção e abençoe minha família.
Que suas águas não deixem de pairar sobre todos nós.
Amém!

🌿 *Arroboboi, Oxumarê (II)* 🌿

Salve, senhor das águas supremas!
Salve, senhor do arco-íris!
Eu clamo ao senhor, neste momento,
que suas cores sagradas possam colorir meu caminhar,
construindo a sagrada ponte
da matéria para o mundo espiritual.
Que eu possa elevar meus pensamentos
e que suas águas lavem o fel dos maus instintos
que me levam à queda consciencial.
Que suas cores, amado pai,
possam abrilhantar a vida de todos à minha volta.
Que a paz reine em meu lar
e que suas águas sempre nos abençoem, hoje e sempre.
Amém!

🦎 Salve, senhor das águas supremas 🦎

Divino pai Oxumarê,
eu clamo ao senhor, neste momento,
que interceda em minha vida e na vida de meus familiares.
Que suas águas lavem as impurezas de nossos corações,
renovando assim nossa vida
para que possamos estar prontos para seguir a caminhada
rumo ao encontro com pai Olorum.
Que suas águas troquem a casca dura de nosso espírito.
Que possamos aceitar todas as diferenças
e compreender mais o nosso próximo.
Amém!

Tempo

É importante não confundir o tempo climático, regido por Iansã, com o tempo cronológico, que pertence à orixá Tempo (ou Logunã). Ela registra nosso passado, nosso presente e nosso futuro, regendo nossa ancestralidade. Clamar à orixá Tempo significa pedir a aceleração de algo ou que ela traga lições de vida necessárias ao momento presente.

Segundo uma lenda iorubá, a árvore sagrada Iroco[3] foi a primeira a ser plantada e por ela todos os orixás desceram para habitar o Aiyê. Em outra lenda, toda a criação divina era imóvel, e Oxalá pediu a pai Olorum uma solução. Ele enviou Tempo para que atribuísse o tempo cronológico à criação.

Sua vela é branca. Seus pontos de força são os campos abertos ou a própria gameleira.

Eleve suas vibrações, acenda uma vela e levante-a acima da cabeça. Imagine a divina mãe diante de você. Respire profundamente, assente a vela, ilumine seus pensamentos e faça a oração.

---

3 "Iroco" ou "gameleira" é um termo que se refere a diversas árvores da família das moráceas. Popularmente, também designa a "figueira". [NE]

🌿 *Salve, Tempo (I)* 🌿

Salve, Tempo!
Venho clamar à senhora que, com sua onisciência,
ajude-me a enxergar os momentos em que me perdi
e que me levaram a cair perante o Criador.
Com seu giro sagrado,
que eu possa compreender meus erros
e direcionar meu futuro,
vivenciando meu momento presente com paz e harmonia.
Tempo, a senhora que tudo vê,
não permita que minhas quedas conscienciais
possam me afastar do caminho
que me leva de volta ao Criador.
Amém!

🌿 *Salve, Tempo* (II) 🌿

Salve, Tempo!
Clamo à senhora que interceda em minha vida
e na de meus familiares,
Tenho me sentido fraco e paralisado
e a tristeza me consome dia após dia.
Com a senhora, Tempo, a me abençoar,
tenho a certeza de que com seu giro sagrado,
que faz tudo se movimentar,
voltarei a agir e a caminhar.
Que meu passado sirva de lição a ser absorvida
para que eu viva em paz o momento presente,
traçando um futuro repleto de paz e harmonia.
Tempo, Tempo, Tempo,
permita que eu me proteja em seus braços
e esteja pronto para louvar a senhora e todos os orixás.
Amém!

❧ *Salve, Tempo* (III) ❧

Salve, Tempo!
Que suas sagradas espirais do tempo
envolvam minha casa e minha família,
recolhendo para o âmago de seu mistério
todas as energias negativas que me afligem.
Que suas sagradas espirais
possam afastar todos os espíritos negativos
que estejam me influenciando.
Que suas sagradas espirais
envolvam todos os meus guias,
descarregando-os de toda negatividade.
Que suas espirais do tempo
gerem em minha casa e em minha família
saúde, paz e prosperidade.
Que no tempo sagrado possamos receber suas bênçãos.
Amém!

Xangô

Pai Xangô é considerado o orixá do equilíbrio, da razão e da Justiça Divina. Ele sentencia e pai Ogum aplica a sentença. Tido como orixá do fogo, forma o casal do dendê com mãe Iansã.

Seu dia é a quarta-feira. Sua vela pode ser vermelha ou marrom, na maioria das doutrinas, mas também pode ser amarela, rosa, roxa, branca e vermelha (bicolor) ou apenas branca. Seus pontos de força são as montanhas e as pedreiras.

Eleve suas vibrações, acenda uma vela e levante-a acima da cabeça. Imagine o divino pai diante de você. Respire profundamente, assente a vela, ilumine seus pensamentos e faça a oração.

🦎 *Kaô kabecilê, Xangô* (I) 🦎

Salve, senhor do fogo divino!
Salve, senhor da razão!
Rogo ao senhor, neste momento,
que seu fogo sagrado envolva
todos os meus sentimentos.
Que ele purifique, ó, pai,
aqueles que estão negativados
e fortaleça os que estão positivados.
Que eu consiga me equilibrar
e não ceda ao fel dos maus instintos
que me levam às quedas conscienciais.
Que seu fogo sagrado
esteja sempre comigo.
Amém!

🦎 *Kaô kabecilê, Xangô* (II) 🦎

Kaô kabecilê, Xangô!
Sua bênção, meu pai!
Rogo ao senhor, meu pai,
que suas irradiações envolvam todos nós.
Que seu fogo sagrado aqueça meus sentidos
e afaste todas as energias negativas que me cercam.
Permita que eu possa, a partir de mim,
expandir seu fogo sagrado,
e aqueles que insistirem em me perseguir,
que sejam tocados e purificados por ele,
neutralizando as fontes de energia negativa que os cercam.
Que todos os falsos profetas à minha volta
sintam seu fogo divino,
tenham em seus íntimos uma centelha desse fogo
e se voltem ao pai Olorum,
tendo suas razões e emoções equilibradas.
Amém!

🌿 *Kaô kabecilê, Xangô (III)* 🌿

Salve, pai Xangô!
Rogo que seu machado sagrado,
o machado da imparcialidade,
caia sobre mim e sobre minha família.
Que ele também caia sobre meu terreiro
e meu trabalho, meu pai.
Que seu machado me ensine a separar o justo do injusto,
o certo do incerto, a verdade da mentira.
Que minha razão esteja em equilíbrio com minha emoção.
Que eu esteja sempre envolto por seu manto sagrado,
para que eu seja o verdadeiro machado da imparcialidade.
Amado pai, que a Justiça Divina sempre me valha
e que eu tenha condições de expandir sua justiça.
Amém!

🌿 *Kaô kabecilê, Xangô (IV)* 🌿

Kaô kabecilê, meu pai!
Salve, meu pai Xangô!
Que neste momento, divino pai,
suas pedreiras divinas
possam irradiar suas bênçãos sobre todos nós.
Que seu fogo divino, pai,
possa abrandar meu coração,
consumindo em meu íntimo o fel dos maus instintos
que me levam às quedas conscienciais.
Que seu fogo divino, meu pai,
possa aquecer meu coração,
criando em mim uma consciência religiosa
e me dando equilíbrio emocional e racional.
Amado pai Xangô,
eu clamo ao senhor, neste momento,
que suas pedras sagradas rolem em minha vida,
afastando os desequilíbrios, a inveja, a cobiça e o olho-gordo.
Amado pai Xangô,
eu clamo que seu machado sagrado,

que tem duas lâminas,
possa me abençoar
e devolver a paz de que necessito.
Amado pai Xangô,
peço também que seu fogo
aqueça o coração de toda a humanidade,
de todas as pessoas que não têm fé,
devolvendo a elas a conexão com o Sagrado.
Peço paz a todos de minha família,
a todos que me cercam
e a todos que necessitam de sua força.
Kaô kabecilê, Xangô!

❧ *Salve, pai Xangô* ☙

Amado pai Xangô,
senhor da justiça e da razão,
rogo que me valha nesta causa na qual,
injustamente, estou sendo acusado.
Que seu machado seja minha armadura.
Que seu fogo sagrado seja meu defensor.
Com suas bênçãos a inundar meu íntimo,
tenho a certeza de que estarei pronto para me defender.
Kaô kabecilê, Xangô!
Sua bênção, meu pai.

Caboclos & caboclas

Para um caboclo ou uma cabocla, você pode acender uma vela verde, uma vela branca, ou da cor da irradiação com que o guia trabalhe. Por exemplo, se for um caboclo ou uma cabocla de Xangô, você pode usar uma vela roxa, marrom, vermelha ou da cor que o Xangô da casa trabalhe.

Eleve suas vibrações, acenda uma vela e levante-a acima da cabeça. Imagine o ponto de força de seu caboclo ou cabocla e a entidade diante de você. Respire profundamente, assente a vela, ilumine seus pensamentos e faça a oração.

❧ *Salve, caboclos e caboclas* ❧

Salve os caboclos das irradiações
de todos os pais e mães orixás.
Salve os caboclos,
guardiões que trabalham na direita da Umbanda,
que nos trazem a força espiritual necessária para nos ungir
e para trabalharmos mediunicamente dentro do Sagrado.
Salve os caboclos,
que insistem em nos ajudar e nos corrigir
para que alcancemos a evolução mediúnica e espiritual.
Salve os caboclos,
que nos desenvolvem mediunicamente.
Salve os caboclos,
que, com seu brado,
iluminam nossos campos mediúnicos,
recolhendo os espíritos sofredores, obsessores, vingativos,
seres que não estão preparados
para permanecer deste lado da criação.
Salve os caboclos,
que, com seu gingado, com sua dança,

iluminam nosso espírito
e engrandecem nosso ser.
Salve os caboclos,
que sempre nos dão bronca
e nos chamam a atenção para a realidade da vida.
Salve os caboclos,
que, com seu olhar austero, rígido,
nos corrigem sem a necessidade de dizer uma palavra.
Salve os caboclos e as caboclas!
Salve as caboclas!
Salve a Jurema!
Salve a Cabocla Iracema!
Salve a Cabocla Jaciara!
Salve a Cabocla Jupira!
Salve a Cabocla Jucena!
Salve a Cabocla Indaiá!
Salve todas as caboclas!
Que, neste momento, suas forças e suas penas sagradas
envolvam também nossa aura,
trazendo sua sabedoria e seu conhecimento
para que, na sua vibração e na sua força,
tenhamos paciência para suportar as adversidades.
Salve os caboclos e as caboclas
que nunca nos desamparam,
que não nos veem como meros humanos encarnados.

Salve os caboclos e as caboclas,
que nos têm como filhos de sangue,
como filhos encarnados aqui na Terra.
Caboclos e caboclas,
pedimos humildemente que nos deem sua proteção
e sua bênção no dia de hoje e nesta semana.
Salve os caboclos e as caboclas!
Okê, caboclos!
Okê, caboclas!
Sua bênção, caboclos e caboclas!

🌿 Oração aos caboclos e às caboclas 🌿

Salve os caboclos e as caboclas
de Oxóssi e de todos os orixás!
Salve todos os caboclos e todas as caboclas da Umbanda,
que trazem em si o mistério sagrado
de Oxóssi e de todos os orixás!
Aos sagrados caboclos e caboclas da Umbanda,
nós pedimos, neste momento,
que suas ervas nos tragam o bálsamo consolador,
que suas ervas nos sirvam de cura para o espírito,
para a matéria e para todas as doenças físicas
que estejam em nossos corpos.
Iluminem nosso mental,
expandam nossa consciência e nossos campos mediúnicos,
envolvendo todos os espíritos sofredores neles alojados.
Cure-os com suas ervas sagradas,
com seus mistérios divinos
e encaminhe-os a seus lugares de merecimento.
Sagrados caboclos e caboclas,
clamamos, neste momento,

em nome de Oxóssi e de todos os orixás,
que possam nos abençoar no dia de hoje.
Que assim seja!
Okê, caboclo!
Okê, cabocla!

Oração ao Caboclo Sete Estrelas

Salve, Caboclo Sete Estrelas!
Salve, senhor do Orum,
senhor dos sete caminhos das estrelas
que guiam nossos passos aqui na Terra.
Eu clamo, neste momento, amado pai,
que sua primeira estrela
unja minha fé e me envolva,
engrandecendo meu espírito
para que eu caminhe melhor
em minhas vidas espiritual e material.
Que sua segunda estrela, meu pai,
agregue e me congregue com meus familiares,
trazendo o amor fraternal de volta,
e que nunca faltem a sinceridade
e a verdade em minha família.
Que sua terceira estrela, amado pai,
traga-me sabedoria para que,
sábio e irradiado pelo senhor,
eu possa compreender

e entender melhor as pessoas à minha volta,
para que possa perdoá-las também, amado pai.
Que assim, perdoando,
eu tenha condições de vida melhores no dia de hoje.
Que sua quarta estrela, pai,
possa me irradiar a verdade e o equilíbrio.
Que, tendo verdade em minha vida,
os falsos profetas nunca se aproximem de mim,
que os falsos amigos se recolham ao íntimo deles
e se afastem de mim naturalmente.
Que as inverdades sempre sejam reveladas
e que somente a verdade seja dita em meu caminhar.
Que sua quinta estrela, pai,
direcione-me sempre para o caminho reto a seguir,
tanto em minha vida material quanto espiritual,
e não me deixe, pai,
trilhar caminhos tortuosos da caminhada.
Que sua sexta estrela, pai,
me dê serenidade, paz e condições
para perdoar a mim mesmo.
Que ela me dê condições de perdoar meu semelhante
e todos aqueles que me atingiram,
consciente ou inconscientemente.
Que sua sétima estrela, pai,
toque o meu íntimo

e o íntimo de todas as pessoas que são descrentes,
para que, iluminadas por suas setes estrelas,
vejam dias melhores,
recebam melhores vibrações de Deus
e tenham melhores momentos em sua caminhada.
Salve, Caboclo Sete Estrelas!
Salve, caboclo de Oxóssi!
Salve suas forças, meu pai!
Eu rogo humildemente aos divinos pais Oxóssi e Oxalá
que o cubram de bênçãos cada vez mais
e que iluminem cada vez mais o seu espírito.
Amém!

⚜ Oração ao Caboclo Flecha-Certeira ⚜

Salve, Caboclo Flecha-Certeira, caboclo de uma flecha só.
Caboclo austero, rígido, mas verdadeiro pai amoroso.
Eu clamo ao senhor, neste momento, amado pai,
que atire sua flecha certeira
para que ela acerte as necessidades de minha vida,
envolvendo todos os espíritos sofredores
alojados em meu campo mediúnico e em minha aura,
purificando-a totalmente
dos miasmas e larvas astrais nela presentes.
Salve, Caboclo Flecha-Certeira!
Meu pai, eu lhe peço humildemente sua bênção.
Que sua flecha caia sobre mim.
Que as irradiações de suas velas e de suas cores sagradas
possam invocar os sagrados orixás
para que me enviem suas bênçãos diárias
e necessárias à minha vida.
Salve, Caboclo Flecha-Certeira!
Meu pai, que seu brado, seu ilá,
envolva meu espírito e minha aura,

protegendo-me e defendendo-me de todas as perturbações,
de todos os maus pensamentos.
Pai, livre-me das angústias, das perseguições,
de minhas atitudes que insistem em quebrar minha fé,
em quebrar minha vontade de seguir o caminho do pai.
Sua flecha é certeira, meu pai,
por isso, eu tenho a certeza de que, ao término desta oração,
estarei energizado e de pé novamente
para fortalecer ainda mais minha fé e minha aura.
Amado Caboclo Flecha-Certeira,
clamo ao senhor, neste momento,
que abençoe meu trabalho, minha casa e minha família.
Que, neste momento, a ponta de sua flecha
seja fincada em minha vida espiritual.
Okê, caboclo!
Okê, Caboclo Flecha-Certeira!
Sua bênção, meu pai!

✤ *Oração ao Caboclo Sete Flechas* ✤

Salve, Caboclo Sete Flechas!
Okê, caboclo!
Meu pai, venho humildemente diante do senhor,
a seus pés, clamar por suas flechas,
clamar que as atire em minha direção e em minha vida.
Que cada flecha atirada, neste momento, meu pai,
possa me devolver a paz, o equilíbrio e a paciência
que eu perdi em algum momento da vida,
mas não sei onde.
Sagrado Caboclo Sete Flechas, neste momento,
eu clamo, amado pai,
que suas flechas sagradas possam me ungir
com a fé e o amor do divino pai Olorum.
Que suas flechas possam tocar minha aura,
curando-me de todos os males espirituais e materiais.
Ó, Caboclo Sete Flechas, neste momento,
eu clamo, meu senhor,
que cada flecha sua possa me trazer
o benefício de servir ao Deus Criador.

Ó, Caboclo Sete Flechas, neste momento, eu clamo
a Oxóssi, Xangô, Iemanjá, Oxalá, Oxum e todos os orixás
que iluminem seu caminhar,
para que, iluminada essa grande seara da vida,
ajude a mim e a todos aqueles que procuram o senhor.
Senhor Caboclo Sete Flechas, neste momento,
coloco-me curvado perante o senhor
e clamo por suas bênçãos e por suas flechas em minha vida,
para que nunca me faltem o desejo de caminhar
e o desejo de estar de pé todos os dias.
Amém!

Salve o Caboclo Sete Flechas

Jefferson Almeida

Amado pai caboclo,
senhor das matas, dos rios, das pedreiras,
das praias e das cachoeiras,
com seu domínio sobre
a terra, os ventos, as águas, os raios e o fogo,
peço-lhe que ilumine meu ori,
equilibrando minha mente
e retirando os miasmas de meu campo áurico.
Rogo ao senhor que dispare,
de seu arco, as flechas de Oyá
e que elas possam levar tudo de negativo,
deixando somente a luz
e a paz em minha vida
e na de minha família.
Senhor caboclo,
reúna suas flechas e atire-as em minha vida,
trazendo paz, amor, fartura, felicidade,
saúde, pureza, sabedoria e equilíbrio.

Peço que não me deixe cair
em pensamentos negativos e impuros,
e que, toda vez que me sentir só e desamparado,
eu possa ouvir o seu brado a me acalentar.
Salve, Caboclo Sete Flechas!
Salve os caboclos!
Okê, caboclo!

🌿 *Oração ao Caboclo Cobra-Coral* 🌿

Salve, Caboclo Cobra-Coral!
Salve, pai Oxalá!
Salve, pai Oxumarê!
Caboclo Cobra-Coral, ao senhor,
que representa a energia viva e divina de pai Oxalá,
clamo, neste momento,
que nunca me deixe perder a fé em mim mesmo,
em minha caminhada espiritual e na humanidade.
Cada vez que eu não acreditar em mim,
cada vez que eu pensar em desistir da vida
ou da caminhada espiritual,
que o senhor possa me levantar
e me dar forças para seguir em frente.
Amado caboclo,
peço também que a energia viva e divina,
trazida por nosso pai Oxumarê em sua coroa,
possa renovar constantemente minha fé,
minha esperança, meu amor-próprio,
minha saúde e meu trabalho,

para que cada dia seja um dia de aprendizado
e evolução em minha vida.
Meu pai, peço também
pela renovação da fé na vida
de meus familiares encarnados,
de meus familiares espirituais,
de minha comunidade,
das pessoas de minha cidade
e de todas as pessoas de nosso país,
para que, diante de uma situação triste,
elas possam ter equilíbrio espiritual
para resolver seus problemas,
sempre com fé e acreditando em dias melhores.
Salve, Caboclo Cobra-Coral!
Salve seu poder de renovação da fé!
Okê, caboclo!

🍃 *Oração ao Caboclo do Vento* 🍃

Salve, Caboclo do Vento!
Que seus ventos sagrados,
vindos das pedreiras de pai Xangô,
possam purificar minha alma
e descarregar meu corpo
para que eu consiga me reerguer.
Dê-me, pai, paciência
para enfrentar as adversidades do dia a dia.
Dê-me, pai, o equilíbrio e a razão
para seguir seus ventos sagrados
com as bênçãos de Xangô.
Que eu possa ter a sabedoria
para orientar todos os que vêm me procurar.
Que seus ventos sagrados
afastem de mim todos os eguns
que não estão preparados para caminhar na Terra.
Senhor Caboclo do Vento, eu peço sua bênção
e que seus ventos sempre me guiem.
Amém!

❧ *Oração à Cabocla Iracema* ❧

Salve, Cabocla Iracema!
Salve, senhora da Jurema!
Salve, senhora de Oxóssi!
Minha mãe, Cabocla Iracema,
eu rogo ao divino pai Olorum,
ao sagrado pai Oxóssi
e à sagrada mãe Jurema
que iluminem seu espírito.
Iluminado seu espírito, ó, minha mãe,
que a senhora me dê a bênção de receber
suas mensageiras da Jurema e seus mensageiros de Oxóssi
para que eles possam estar ao meu lado neste momento,
ajudando-me a caminhar nesta vida tão tortuosa.
Que a senhora, amada mãe,
permita que o vinho da Jurema desça por meus lábios,
por minha garganta, por meu ser e por meu espírito,
renovando, de dentro para fora, minha mãe,
minhas angústias e meus sentimentos
que não são virtuosos.

Permita, Cabocla Iracema, minha mãe,
que suas rosas formem um tapete
para que eu possa caminhar.
Permita, minha mãe,
que as matas de nosso pai Oxóssi me deem o remédio,
o bálsamo consolador,
para que eu seja consolado todos os dias de minha vida,
para que eu caminhe rumo ao encontro de nosso Criador.
Minha mãe, Cabocla Iracema,
que suas ervas, suas flechas e o vinho de Jurema
estejam comigo.
Sua bênção, minha mãe!

🌿 Oração à Cabocla Jaciara 🌿

Salve, Cabocla Jaciara!
Mãe, que seu brado ecoe nos altos,
que suas bênçãos caiam sobre mim e minha família.
Afaste de mim, minha mãe, todas as mazelas do dia a dia.
Que seu canto me envolva,
iluminando tudo e todos à minha volta.
Que sua luz ilumine meu caminhar,
afastando toda a tristeza que possa estar comigo.
Mãe, me direcione
e semeie em mim a chama da felicidade e da prosperidade.
Semeie em mim a aceitação e o perdão
para que eu consiga me aproximar,
cada vez mais, da senhora, dos orixás e de pai Olorum.
Amém!

🌿 Oração à Cabocla Jurema 🌿

Salve, Cabocla Jurema!
Salve, rainha das matas de pai Oxóssi!
Que suas bênçãos caiam sobre todos nós.
Mãe Jurema, clamo, neste momento,
que sua energia envolva meu lar, minha família
e todas as pessoas ligadas a mim.
Que suas folhas sagradas
sejam o bálsamo consolador de minha caminhada.
Cure, minha mãe,
todas as energias malévolas que me rodeiam.
Que suas folhas possam ungir meu espírito
para que, ungido,
alcance as bênçãos de sua morada sagrada.
Mãe Jurema, permita que suas águas sagradas
possam me iluminar e me abençoar.
Que sua falange, com todas as caboclas de pena,
me guie para que eu nunca me afaste da Sagrada Jurema
e para que, no Juremá, eu possa encontrar meu acalanto.
Amém!

🌿 *Oração à Cabocla Jureminha* 🌿

Salve, Jureminha!
Salve, cabocla defensora das matas de pai Oxóssi!
Cabocla Jureminha,
humildemente lhe peço que, com sua força,
a senhora me abençoe e fortaleça a minha fé.
Cabocla Jureminha,
quando me senti perdido, em pensamentos negativos,
quando me senti abandonado, a senhora deu seu brado,
e do Orum eu pude sentir suas bênçãos a me proteger.
Agora, clamo que atire sua flecha, caboclinha.
Dê seu brado mais uma vez.
Envolva minha família, proteja meu trabalho,
dê-me forças para levantar a cabeça
e, novamente, vencer o negativismo
e a força contrária que insistem em querer me derrubar.
Caboclinha, traz das matas as folhas sagradas da Jurema.
Inunda minha casa, minha família e meu trabalho de bênçãos.
Que a senhora nunca me abandone.
Amém!

Pretos-velhos & pretas-velhas

Em uma segunda-feira, ou no dia da semana que julgar melhor, eleve suas vibrações, acenda uma vela branca ou uma vela preta e branca (bicolor), levante-a acima da cabeça e ofereça um copo de café. Mentalize nossos vovôs e vovós. Respire profundamente, assente a vela, ilumine seus pensamentos e faça a oração.

🌿 Oração aos pretos-velhos 🌿

Salve, sagrados pretos-velhos da Umbanda!
Salve, vovôs e vovós!
Salve, titios e titias!
Salve, papais e mamães!
Deem-nos sabedoria, paciência e tranquilidade.
Salve, vovô e vovó,
seu caminhar é grande, e parece um caminhar cansado,
mas não é um caminhar cansado da espiritualidade
ou de servir ao Criador;
é o caminhar que nos ensina a nos encurvar
para podermos ouvir,
mesmo aquele que está com baixa vibração.
Quando o senhor se encurva, vovô,
quando a senhora se encurva, vovó,
não é sinal de velhice;
é sinal de que querem entender
aquele que está mais abaixo na vibração.
Hoje, vovô e vovó, eu me coloco aqui para ouvi-los,
para ouvir os seus conselhos e a sua sabedoria.

Eu clamo aos senhores,
vovô e vovó, titio e titia, papai e mamãe,
preto-velho e preta-velha da Umbanda,
que me ensinem a caminhar nesta vida
com os pés descalços da soberba, da vaidade e da ambição,
que me ensinem a caminhar,
calçado pela humildade, pela sabedoria e pela paciência.
Sagrados pretos-velhos e pretas-velhas da Umbanda,
neste momento, eu lhes clamo a bênção.
Que nunca me falte uma palavra
para ajudar a quem quer que seja.
Que nunca me faltem paciência e humildade
para ajudar a quem me procurar.
Sagrados pretos-velhos e pretas-velhas da Umbanda,
peço humildemente sua bênção,
que me abençoem, neste momento,
em nome do senhor Olorum,
e rogo a Ele que ilumine sua luz hoje e sempre.
Amém!

🌿 *Oração ao Pai Joaquim* 🌿

Jefferson Almeida

Meu amado pai,
eu clamo, neste momento,
diante desta vela, sua presença.
Rogo, com toda a fé que tenho no senhor,
que possa me cobrir com seu manto sagrado
e que, com seu cachimbo,
afaste de mim todas as mazelas.
Peço-lhe, amado pai,
que levante meu olhar para o Criador
e que sua luz resplandeça em minha vida.
Peço-lhe que, com seu terço, o senhor possa interceder
pela harmonia em minha casa,
em minha família e em meu espírito.
Que toda vez que me deparar com seu café
Eu me lembre de que o senhor está aqui para me acalentar.
Adorei as almas, meu pai!
Adorei as almas, amado pai!
Salve suas forças!

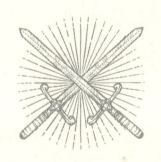

Baianos & baianas

Para os baianos e as baianas, pode-se acender uma vela branca ou, caso saiba, uma vela da cor da irradiação com que ele ou ela trabalhe.

Eleve suas vibrações, acenda uma vela e levante-a acima da cabeça. Imagine a entidade diante de você. Respire profundamente, assente a vela, ilumine seus pensamentos e faça a oração.

❧ Salve, baianos e baianas (I) ☙

Sagrados baianos e baianas da Umbanda,
peço-lhes a benção!
Rogo que suas forças me abençoem, neste momento,
ajudando-me a superar as adversidades da vida.
Baianos e baianas,
rogo que nunca me falte a fé,
que nunca me falte a vontade de caminhar
e de louvar os orixás.
Que o Senhor do Bonfim aumente suas forças
para que sempre possam ajudar quem precisa.
Amém!

🌿 *Salve, baianos e baianas* (II) 🌿

Baianos e baianas da Umbanda,
em nome dos sagrados orixás,
rogo que suas irradiações abençoem meu lar.
Que sua alegria esteja sempre comigo.
Nunca deixem cair a minha vibração
e ensinem-me sempre a lutar e a trabalhar com afinco.
Baianos e baianas,
criem uma aura de luz ao meu redor
para que a prosperidade seja uma verdade para mim
e para todos os meus familiares.
Baianos e baianas,
em nome dos orixás, peço-lhes a bênção.
Amém!

Marinheiros & marinheiras

Para os marinheiros, acenda uma vela branca ou azul-clara.

Eleve suas vibrações, acenda uma vela e levante-a acima da cabeça. Imagine a entidade diante de você. Respire profundamente, assente a vela, ilumine seus pensamentos e faça a oração.

🌿 *Oração aos marinheiros* 🌿

Salve os marinheiros!
Salve os marujos!
Salve o povo do mar!
Que as bênçãos das águas sagradas de mãe Iemanjá
permitam-lhes, marinheiros, vir me abençoar.
Que do balanço das ondas do mar
os senhores possam vir até mim
e me ajudar em todos os balanços
que me causam desequilíbrios emocionais e racionais.
Salve os marinheiros!
Salve os marujos!
Salve o povo do mar!
Que, por suas águas sagradas, pelo balanço do mar,
com sua sabedoria, marinheiro, o senhor possa me ajudar
a superar todas as adversidades da vida,
assim como superou as tormentas e as adversidades do mar.
Sua bênção, marinheiro!
Sua bênção, marujada!
Salve!

Boiadeiros & boiadeiras

Para os boiadeiros e boiadeiras, seguimos a mesma premissa dos baianos; podemos acender velas brancas ou de acordo com a irradiação em que o boiadeiro ou a boiadeira trabalha — caso não saiba, acenda branca.

Eleve suas vibrações, acenda uma vela e levante-a acima da cabeça. Imagine a entidade diante de você. Respire profundamente, assente a vela, ilumine seus pensamentos e faça a oração.

🌿 *Salve, boiadeiro e boiadeira* 🌿

Salve, senhor boiadeiro!
Salve, senhora boiadeira!
Salve suas forças!
Salve seu chicote sagrado!
Peço, humildemente,
que estale seu chicote em meu lar,
passe-o por todos os cômodos,
banindo todas as forças contrárias
que possam estar instaladas nele.
Que seu chicote feche todos os portais negativos abertos,
purificando todos os espíritos negativos que neles vivem.
Que seu chicote estale em meu portão,
afastando todas as forças negativas que querem me atingir.
Que seu chicote purifique minha aura
e me devolva o equilíbrio perdido.
Amém!

🌿 *Xetruá, boiadeiro e boiadeira* (I) 🌿

Xetruá, boiadeiro!
Xetruá, boaideira!
Aos senhores,
que direcionam as boiadas por seus caminhos,
rogo-lhes que me direcionem nos caminhos
que levam ao pai Olorum.
Rogo-lhes que minha fé seja restaurada,
que a harmonia volte ao meu lar,
que a minha paz seja restabelecida.
Sinto-me perdido, boiadeiro e boiadeira,
e aos senhores venho recorrer.
Quero seguir o toque de seu berrante
e trilhar meus caminhos
na fé em Olorum, hoje e sempre.
Amém!

🌿 *Xetruá, boiadeiro e boiadeira* (II) 🌿

Xetruá, boiadeiro!
Xetruá, boiadeira!
Salve seu laço sagrado!
Salve suas forças!
Senhores boiadeiros, venho pedir, humildemente,
que lacem todas as energias negativas à minha volta,
as recolham ao âmago de seu mistério
e as neutralizem com seu laço sagrado.
Que lacem as oportunidades
de prosperidade, paz e harmonia,
e que elas sejam plantadas em minha vida.
Que seus laços sagrados criem uma aura protetora
que propicie acontecimentos positivos à minha volta.
Que seus laços possam me dar forças,
assim como a força que têm os trabalhos de Umbanda.
Amém!

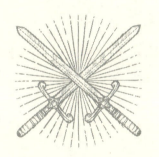

Ciganos & ciganas

Para os ciganos, acenda velas coloridas.

Eleve suas vibrações, acenda uma vela e levante-a acima da cabeça. Imagine a entidade diante de você. Respire profundamente, assente a vela, ilumine seus pensamentos e faça a oração.

🌿 *Oração ao povo cigano (I)* 🌿

Arriba, povo cigano! Optchá!
Salve o sagrado povo cigano!
Salve a sagrada Santa Sara!
Sagrados ciganos da Umbanda
que nos ensinam a respeitar
os mais velhos e os mais novos.
Que no trilhar de seus caminhos,
ensinem-me a trilhar meus caminhos
com sabedoria e humildade,
buscando sempre a prosperidade e o autoconhecimento.
Ó, ciganas da Umbanda,
que suas magias me ensinem a magia do amor,
do amor-próprio, do autoconhecimento,
do amor que me leva aos sagrados orixás.
Sagrado povo cigano, sagrada Santa Sara,
pelo poder da lua minguante,
que minguem todas as más influências de minha vida,
todas as quizilas, os maus sentimentos e pensamentos
que me levam às quedas conscienciais.

Pelo poder da lua crescente,
que me ensinem a crescer como pessoa,
a crescer como um ser que busca evolução.
Que o poder da lua cheia
encha de amor e prosperidade a minha vida.
Sagrados ciganos da Umbanda,
protejam-me hoje e sempre,
com as bênçãos de Santa Sara!
Optchá! Salve o povo cigano!
Salve o povo cigano da Umbanda!

🌿 *Oração ao povo cigano* (II) 🌿

Jefferson Almeida

Arriba, senhores ciganos da Umbanda!
Optchá!
Amados ciganos e ciganas,
clamo a Olorum para que envie seu clã
e traga a alegria de viver
que a mim falta neste momento.
Rogo que suas danças me tragam alegria
e que em meu peito transbordem o amor e a paz.
Que, com sua música, eu possa me envolver
e trazer a leveza que necessito para meu caminhar.
Que suas cores possam irradiar sobre mim,
trazendo as bênçãos de nossos amados pais e mães orixás.
Por fim, peço que traga fartura à minha mesa
e prosperidade para a minha vida.
Que eu seja desprendido do material
e possa elevar meu olhar e meu pensamento
ao alto fogo de suas fogueiras,
recebendo o equilíbrio para mim e para aqueles que amo.

Amados ciganos e ciganas,
que sua luz e sua alegria irradiem
em minha vida hoje e sempre.
Arriba, povo cigano!
Optchá!

Malandros & malandras

Para os malandros e malandras, pode-se acender uma vela branca, vermelha, preta, branca e vermelha (bicolor) ou branca e preta (bicolor).

Estas entidades podem se apresentar para trabalhar nas linhas de exu, baiano ou malandro, pois são um mistério em si a serviço do Criador. Por isso, não importa a cor da vela ou como o malandro e a malandra se apresentam, o importante é a fé em suas orações.

Eleve suas vibrações, acenda uma vela e levante-a acima da cabeça. Imagine a entidade diante de você. Respire profundamente, assente a vela, ilumine seus pensamentos e faça a oração.

🌿 *Saravá, seu Zé Pelintra* 🌿

Salve, seu Zé!
Salve seu chapéu e seu fumo sagrado!
Humildemente lhe peço
que coloque seu chapéu sobre minha casa
para que todas as energias negativas impregnadas
sejam recolhidas.
Encaminhe todos os espíritos sofredores ou negativos
instalados em minha casa, seu Zé.
Assopre a fumaça sagrada de seu fumo,
limpando minha aura espiritual, reenergizando-a
e permitindo que atraia paz e prosperidade.
Que seus ensinamentos de superação das adversidades
sejam verdades em minha vida, hoje e sempre.
Amém!

🐦 *Saravado seja, seu Zé Pelintra* 🐦

Salve, seu Zé!
Salve suas forças e sua bengala sagrada!
Peço que bata sua bengala em minha casa,
emitindo suas vibrações,
e que feche todos os portais negativos
que desequilibram meu lar, meu sono e minha paz.
Que sua bengala sagrada desobstrua meus chacras,
alinhe meu eixo magnético
e devolva a paz que perdi em minhas quedas conscienciais.
Seu Zé, ensine-me sua malandragem
para driblar as dificuldades da vida
e recuperar meu equilíbrio racional e emocional.
Que, na ginga de sua dança,
eu seja um eterno aprendiz
e aprenda a lidar com todos os meus problemas.
Amém!

🍂 *Salve, seu Zé Pelintra* 🍂

Seu Zé, venho pedir sua bênção.
Tenho andado perdido
e não mais encontro o caminho da paz.
Seu Zé, meu senhor,
como exu,
ensine-me a esgotar os sentimentos negativos,
ensine-me a perdoar e a pedir perdão.
Como baiano,
ensine-me a superar todos os preconceitos
e a encarar a vida com sabedoria
Como malandro,
ensine-me a driblar as dificuldades do dia a dia
e a ser mais um, e não o único.
Seu Zé, sua sabedoria é grande,
seu caminhar nas linhas da Umbanda é reconhecido.
Que eu seja digno de suas bênçãos.
Amém!

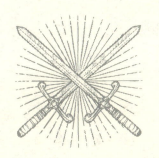

Exus

Espíritos desencarnados que tiveram uma vida marcada pelo caos são encaminhados aos domínios do orixá Exu, que indica o atributo no qual aquele ser é falho. Esse espírito recebe um poder doado por Exu, mais uma centelha do orixá que regeu sua encarnação, e ganha uma nova chance de ajudar a criação, trabalhando em prol da paz e da harmonia. Os representantes de Exu são chamados de exus de trabalho e podem ascender em espírito até atingir os graus hierárquicos da espiritualidade.

Cada exu de trabalho é, em si, um mistério divino. São amigos, trabalhadores da luz e buscam ascender em espírito para reencontrar seus afins na espiritualidade.

Para todas as rezas, deve-se firmar, no mínimo, três velas pretas em triângulo e uma branca ao lado, e colocar um cigarro, um charuto e um copo de pinga. Se desejar, pode ser feito um padê, ou farofa de exu, com um bife bovino cru por cima. A oferenda pode ser feita nos campos de atuação do exu ou fora de casa. Caso você faça em casa, despache todos os elementos em uma encruzilhada ou mata no dia seguinte.

Oração aos exus

Laroiê, exu!
Exu [*nome do exu*], rogo ao senhor
que venha com sua falange neste momento de aflição.
Estou perdido, exu, não sei o que fazer.
Clamo, neste momento,
que o senhor rogue ao orixá Exu e aos sagrados orixás
que me ajudem, segundo meu merecimento.
Auxilie-me a [*fazer o pedido*]
e eu já, antecipadamente, rogo a Deus
que aumente sua luz e a de toda a sua falange.

🦎 *Salve, Exu Sete Caveiras* 🦎

Salve, exu!
Salve, Exu Sete Caveiras!
Salve, morador da calunga!
Salve, guardião dos espíritos caídos
que residem nos domínios de pai Omolu!
Nesta hora, eu evoco sua presença
para que me cubra com seu manto negro,
absorvendo todas as doenças de meu espírito.
Senhor Sete Caveiras,
rogo que acolha meus pedidos para que,
dentro de suas sete vibrações, eu encontre minha solução.
Guardião da calunga,
clamo ao senhor que guarde minha casa com sua falange
para que inimigos visíveis e invisíveis não me atinjam.
Salve, exu!
Salve, Exu Sete Caveiras!
Salve, morador da calunga!
Salve, guardião dos espíritos caídos
que residem nos domínios de pai Omolu!

🌿 *Salve, Guardião dos Sete Portais* 🌿

Firme sete velas pretas em cruz, cinco cigarros (todos de pé, um no meio e um em cada ponta da cruz), uma vela branca, um copo de pinga e um copo de água. Firme o pensamento, mentalize a entidade e faça a oração.

Salve, exu!
Salve, senhor Guardião dos Sete Portais!
Em nome de pai Olorum,
em nome do orixá Exu
e em nome de pai Obaluaê,
eu clamo, neste momento,
que se abram os sete portais da criação,
trazendo luz para dentro de meu terreiro.
Clamo também, neste momento,
que se abram os olhos de pai Olorum e de pai Xangô,
para que a justiça seja aplicada
nos sete portais negativos,
recolhendo para as dimensões negativas
todos os seres, criaturas e espíritos negativos

que atacam sem motivo a mim,
a meus filhos e filhas
e a todo o meu terreiro.
Que os portais negativos se fechem,
naturalmente, após a limpeza.
Que os portais da luz
sejam o caminho a ser trilhado por nós,
espíritos humanos,
e inundem meu terreiro
com a luz dos sete portais da criação.
Amém!

🌿 *Salve, Exu do Pântano* 🌿

Faça um círculo de velas pretas e oferte um bife bovino, uma garrafa de pinga e um charuto. Faça a oferenda perto de um terreno pantanoso. Firme o pensamento, mentalize a entidade e faça a oração.

Salve, Exu do Pântano!
Exu, eu venho, neste momento,
pedir-lhe auxílio.
No solo sagrado de mãe Nanã,
venho pedir minha cura.
Permita que meu corpo e meu espírito
sejam auxiliados pela força de seu pântano.
Que a energia decantadora
decante todas as enfermidades, infecções e dores
em meu sangue, nervos, músculos,
linfa, ossos, pelos e pele.
Permita que, dentro deste círculo,
se a enfermidade for uma intervenção espiritual negativa,
que o barro, o lodo, recolha todas as atuações,

neutralizando-as e transmutando-as,
e devolva-me a saúde que venho lhe pedir.
Se for de ordem material,
permita-me levar de seu campo de força
seu poder curativo.
Deixo-lhe esta oferenda
como sinal de minha gratidão.
Salve, Exu do Pântano!

🦎 *Reza a Exu Marabô* 🌿

Reze num momento de muita aflição, ao meio-dia em ponto.
Firme o pensamento, mentalize a entidade e faça a oração.

Exu Marabô,
meu amigo e companheiro,
eu sei que pelos caminhos por que passo
tenho sempre a sua proteção.
Neste momento de aflição,
coloco minhas mãos no chão
e firmo meu pensamento
na certeza de que serei atendido
em minha necessidade.
Confio em sua força
e sei que sua capa cobre tudo, menos a falsidade.
Seu Marabô,
exu dono de minha porteira,
senhor de meus caminhos,
com a confiança que tenho no senhor,
sei que jamais estarei sozinho.

🌿 Oração ao Exu-Mirim Pimentinha 🌿

Laroiê, senhor Exu-Mirim Pimentinha!
Salve suas forças, meu senhor!
Exu-Mirim Pimentinha, venho pedir, neste momento,
que suas traquinagens
façam parte de meu caminhar e de minha vida.
Senhor Pimentinha, eu me perdi
e deixei vibrações contrárias me desestabilizarem
e quebrarem meu equilíbrio emocional.
Senhor Pimentinha, eu clamo, neste momento,
que o senhor expanda e descomplique toda a minha vida.
Que o senhor expanda os caminhos para serem abertos,
devolvendo-me o equilíbrio e a alegria de viver.
Que a cada dia que passa
eu tenha mais intenções renovadas em seu poder.
Laroiê, Exu-Mirim Pimentinha!
Sua bênção!

Pombagiras

Pombagira é a detentora do fator estímulo, da vontade e do desejo. Está relacionada ao desejo de viver, de trabalhar, de cantar, de vencer e também ao desejo sexual. Uma visão deturpada (e extremamente machista) faz com que muitos a assimilem como uma entidade profana e libertina, o que está completamente errado.

Pombagira é uma excelente psicóloga e nos enxerga, através de nosso íntimo, como nós somos. Por conseguinte, gera o estímulo necessário para que voltemos aos caminhos do Criador.

Eleve suas vibrações, acenda uma vela branca ou vermelha e levante-a acima da cabeça. Mentalize a entidade. Respire profundamente, assente a vela, ilumine seus pensamentos e faça a oração.

🌿 *Salve, Pombagira Cigana* 🌿

Firme três velas vermelhas em triângulo e uma branca ao lado. Coloque três cigarros, sete moedas e um copo de champanhe. Faça a oferenda às 12h ou às oh.

Salve, senhora Pombagira Cigana!
Salve, cigana, rainha dos campos e das pradarias,
filha de Ifá, herdeira dos mistérios de Orunmilá!
Rogo-lhe, neste momento,
que me envolva em suas danças e cantos sagrados,
devolvendo-me a alegria e o desejo de viver.
Sou fraco, caí sem perceber,
deixei-me abater por olhos que me encantaram,
mas minha fé na senhora é grande.
Às 12 badaladas do dia ou da noite [*bata o pé esquerdo no chão*]
a senhora me libertará, cortará estas amarras
e eu me sentirei vivo novamente.
Lance, minha senhora, seus encantos sobre mim,
protegendo-me de dia e de noite,
e eu sempre louvarei à Pombagira Cigana.
Salve, senhora pombagira!

🜁 *Salve, Pombagira Tranca-Mundo* 🜂

Faça um círculo com sete velas vermelhas e uma vela preta ao lado. Dentro, coloque um cadeado, um cigarro, um charuto e um copo de champanhe.

Salve, senhora pombagira!
Salve, senhora Tranca-Mundo!
Assim como trancou o mundo dos homens e dos espíritos,
há de destrancar também os meus sete mundos.
Por isso, rogo-lhe, minha senhora,
que destranque o mundo à minha volta
para que eu encontre o caminho do desejo de viver;
para que eu encontre o caminho do bom emprego;
para que eu encontre o caminho do amor;
para que eu encontre o caminho da sabedoria;
para que eu encontre o caminho da justiça;
para que eu encontre o caminho da ordem;
para que eu encontre novamente a minha fé!
Sob seu imenso poder, eu entrego meus sete mundos.
Salve, senhora pombagira!
Salve, senhora Tranca-Mundo!

🌿 *Salve, Pombagira Sete Saias* 🌿

Faça um círculo com sete velas vermelhas, sete cigarros, sete rosas e um copo de champanhe. Firme o pensamento, mentalize a entidade e faça a oração.

Salve, senhora pombagira!
Salve, senhora Sete Saias!
Salve, senhora dos sete destinos!
Eu venho, humildemente, pedir-lhe axé.
Tenho perdido minhas forças;
elas se esvaem como água pelas mãos,
mas tenho a senhora para pedir ajuda,
rainha das encruzas!
Pelas sete saias,
que representam as sete esferas da criação,
pelas sete voltas à sua esquerda,
pelas sete voltas à sua direita,
rogo-lhe que afaste de mim, neste momento,
toda a inveja, olho-gordo, benzimento, magia,
encantamento, encosto, doenças e amarrações.

Envolva-me em seu giro, em sua dança,
recolhendo para as encruzas todo o mal que me atinge.
Senhora pombagira, tenho a certeza de que,
quando a senhora terminar de dar seus catorze giros,
sete à esquerda, sete à direita,
terei me livrado do mal e renovado minhas forças.
Serei sempre fiel à senhora, Sete Saias.
Salve suas forças, minha senhora!

Este livro foi composto com a
tipografia Calluna 10/14,5 pt e impresso
sobre papel pólen natural 80 g/m²